France

法國阿爾卑斯

玩全指南

曾一純 —— 著

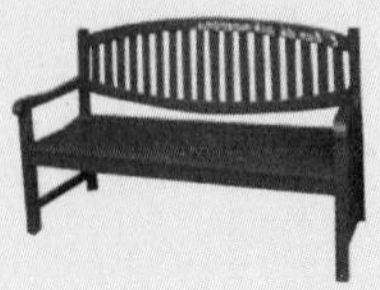

推薦序

很多人認識一純姐是參加過他安排的旅遊，或是他平常熱心的好物分享，而我跟他的認識卻是在 20 多年前，一句極其簡單的 BBS 陌生網路訊息「想到普羅旺斯打工嗎？」。

這開啟了我大學時代，每年夏日在南法屬於我自己的山居歲月，同時也是種下了我日後流浪歐洲旅居工作的種子，而實際面對面與他認識則是在 18 年後的台灣，他上一本《開始在普羅旺斯自助旅行》的簽書會上，這段相遇故事就是源自於他對於發現精彩私房景點的敏銳度，以及對法國普羅旺斯的熟悉與熱愛。

很開心，這次有機會先拜讀部分私房景點介紹，不同於一般從事過旅遊業的老手們出書，多半都有一些商業資訊成分在內，或是只去過一兩次即出書的新旅遊作家，很多訊息與資訊都過於浮誇，至少對旅居歐洲不少國家，以及曾經擔任一些歐洲國家旅遊局與旅遊公司顧問的我，感覺是如此。

一純姐的文字跟我初步認識的他一樣：實際，切入重點與直接，深入淺出的介紹，以及諸多第一手真實熱心的分享，希望將當地在地人最好的推薦，分享給有限停留時間的旅人們，這不簡單！如果對在地不夠熟悉，或缺少當地人的協助，很難找到這些資料。

台灣第一位女性極地旅遊探險員
HYT 寰宇萃美旅遊行銷公司創辦人
Sylvie 陳芊華

自序

一切都要從1995年扛著大背包，前往法國自助兩個月開始說起，那年回來後進入旅遊業，隔年再度飛到法國，回台之後進到瘋馬旅行社，啟動法國火車半自助團，因為有高姐與文瑞大哥的支持，讓我得以自由揮灑行程設計，常常只有3、5個團員也出團，才能成長到今天。25年來從火車團到火車自駕團，在法國開發超過200個景點，這個過程得到很多貴人的相助，並且結識了很多順緣的團員們，也是讓我能持續帶團走到現在的動力。

本書歷經疫情長達四年完成，書寫過程中文思泉湧，很多過往出團美好的畫面浮現，不論是搞笑的、感動的、被支持的、無奈的回憶，都讓我的內心充滿感謝。何其有幸這是我的第三本書，雖然還是比較偏向工具書，但有更多帶團的感受、發現景點的小故事，以及與團員的種種革命情感穿插其中；至於搞定交通的實戰經驗、出發前功課，主要著重在觀念的傳達，尤其是自駕與火車著重的細節差異，寫書絕不是一件輕鬆的活，手把手的把我帶

團的經驗化成文字，讀者透過咀嚼才能領略；至於城鎮解鎖篇章，有些迷人的村莊尚未廣為人知，因資訊有限往往只停留知名城鎮，實在太可惜，於是透過《法國阿爾卑斯玩全指南》把帶團的私房景點及路線玩法，傳遞給嚮往隆河阿爾卑斯地區的旅人。

在此深深感謝蔚藍文化出版社的支持，讓我得以將此書實現，感謝編輯的整合、簡潔的城鎮地圖與美編的創意設計，打造讓人看了就心動的旅遊書，而且磅數輕盈方便攜帶，雖然網路資訊有其便利性，但專區導覽的旅遊書有著彙整的功能，期望在出版經營不易的道路上，能有更多書友的實際支持與行動分享，讓往後的世代還能有書香常伴，甚或帶著有溫度的書尋訪景點，在看見與被看見之間，開啟旅遊新視界。

曾一純　寫於民國 113 年元月 2 日

目次

Contents

認識上薩瓦省與薩瓦省的阿爾卑斯山區

本區在哪裡？

阿爾卑斯 *Alpes*

無人不曉的阿爾卑斯由西而東橫亙八個國家，綿延 1200 公里，一路從法國東南、摩納哥、義大利北部、瑞士、列支敦斯登、奧地利、德國南部，直到斯洛維尼亞，其寬度約在 130~260 公里之間，整片地塊峰峰相連壯闊不已，海拔 4000 公尺以上的山峰總計 82 座，其中第一高峰非 4807 公尺的白朗峰莫屬，分屬法瑞義三國領土，至於白朗峰的高度近年都在 3 公分之間上下滾動，法義的邊界劃分也各有說詞，大家有概念就好，出來玩不用太過認真。至於法國境內的阿爾卑斯山，是屬於西阿爾卑斯山系，從白朗峰一路下降到普羅旺斯大區，由北而南縱貫兩個大區合計 9 個省份，其中薩瓦省、上薩瓦省、伊澤爾省、德龍省位在奧維涅 - 隆河 - 阿爾卑斯大區。

奧維涅-隆河-阿爾卑斯大區
Auvergne-Rhône-Alpes

您注意到了嗎？法國的國土是六邊形（Hexagone），當 H 大寫時這個字就可以代表法國，在 2016 年法國本土從 22 個大區（Région）合併為 13 個大區，其中奧維涅（Auvergne）與隆河 - 阿爾卑斯（Rhône-Alpes）合併成同區，而本書所介紹的城鄉村鎮，正好都集中在隆河 - 阿爾卑斯地區。

該區在 2016 年之前涵蓋法國東部偏南，邊境與瑞士、義大利接壤，北鄰勃艮第，南連普羅旺斯，西側與中央山地（Massif Central）的奧維涅隔著隆河，自古以來即是交通與貿易的十字路口，尤其是大城里昂，自希臘、羅馬時期以來，即在此建設要鎮，時至今日旅人從法國進入阿爾卑斯山區，也大多由里昂進出。

書中特別以上薩瓦省（Haute-Savoie）、薩瓦省（Savoie）的阿爾卑斯山區為重點行程，主要位在里昂以東的區塊，由於火車或自駕通常會從里昂進出，於是加入 2 個較不為人知的鄰近小鎮，知名的礦泉之城聖加勒米耶及古老葡萄酒村坦 - 艾咪達吉，都值得繞道而去。

隆河 *Le Rhône*

全長 813 公里，源頭來自瑞士法語區瓦萊州的隆河冰河，冰河融水在馬堤尼附近形成水流湍急的河川，而後離開阿爾卑斯山脈注入蕾夢湖 (Lac Leman)，再從日內瓦進入法國，流經里昂之後垂直南下經過亞爾、亞威農，沿途匯集 20 多條河川，最後在普羅旺斯的聖路易港注入地中海。隆河沿岸許多城鎮在河道運輸扮演著重要連結角色，自古以來也是北歐與地中海貿易要道；從里昂南下亞維農的火車途中，有著隆河谷地綿延而來的葡萄園坡地，北隆河亦是法國五大葡萄酒產區，熱中的品酒迷肯定聽過愛米達吉 (Hermitage) 產地，當然，全長 815 公里的隆河自行車路線 (Via Rhôna)，更是近年熱門活動。

消失的薩瓦王國

好奇的團員發現當地常以Savoie（薩瓦地區）、Savoyard（薩瓦的、薩瓦人）為名的餐館、旅館、紀念品店、銀行隨處可見，薩瓦到底是什麼？這就是本書的亮點上薩瓦省及薩瓦省，讓我們來認識這個介於法瑞義邊境超過900年歷史的家族。

・酷似瑞士國旗的薩瓦旗幟，從12世紀初阿梅疊三世沿用至今。

・薩瓦酒吧

薩瓦地區在哪裡？

自古以來，西阿爾卑斯山區的路權握在薩瓦家族手上，地理上範圍從西邊的里昂、東方的維也納、南到格勒諾伯、北至日內瓦的十字戰略地帶，而在伯國到公國時期，西邊領土更與多芬（Dauphiné）為鄰。今日則是位在法國東南部連結義大利西北部皮埃蒙特大區、瑞士的蕾夢湖及部分的沃州、瓦萊州，代表城鎮有上薩瓦省的安錫、霞慕尼，及薩瓦省的香貝里（Chambéry）、艾克斯溫泉、阿勒貝城（Albertville）。

薩瓦公國建都於何地？

薩瓦家族在 1032 年與阿爾勒王國（Royaume d'Arles）合併而崛起，自然附屬於神聖羅馬帝國，阿梅疊一世在 1295 年將

・薩瓦的餐酒館

薩瓦伯國（Comté de Savoie）遷都到香貝里，到了 1416 年阿梅疊八世時期，被神聖羅馬帝國皇帝升格為薩瓦公國（Duché de Savoie），香貝里仍是首都（1416~1563 年）。

薩瓦公國為何遷都？

義大利戰爭時期薩瓦公國被法國國王弗朗索瓦一世統治（1536~1557 年），外號鐵頭的薩瓦公爵收復失土，並在 1563 年遷都至北義的杜林（1563~1713 年），1713 年西班牙王位戰爭之後，杜林躍升為西西里王國的首都，到了 1720 年再以西西里與奧地利交換薩丁尼亞王國。

薩瓦公國還存在嗎？

義大利戰爭後近 300 年，薩瓦公國多次被法國侵占，但神奇的是薩瓦公國的領土卻持續擴張，直到 1815 年拿破崙一世戰敗後，薩瓦公爵還兼任薩丁國王，歷史告訴我們沒有永遠的敵人，因戰爭及政治地緣種種因素，國家領土常常面臨重組，人民的國籍時會更動，1858 年為了政治利益，拿破崙三世與薩丁王國密商，以薩瓦地區與尼斯郡，換取將奧地利勢力趕出北義，促成義大利王國的統一，於是法國多了 2 個省，原本的薩瓦公國則隨著民主潮流在 1946 年廢除君主制，末代國王翁貝托二世畫下句點。

薩瓦合併（L'Annexion de la Savoie）

是合併？併吞？讓與？外交協議？抑或利益交換？見仁見智，為了義大利的統一，當時的執政者將這片相對窮壞之地推了出去，法國這廂也祭出許多誘惑，1860 年 4 月 22 日這天，兩造再以公民投票的方式實現，6 月 12 日薩瓦家族帶著祖先的土地改籍法國，很快地拿破崙三世和歐仁妮皇后，展開薩瓦地區的名勝之旅，所到之處受到歡迎。

164 年過去了，薩瓦人的日常飲食、傳統料理、慣用語詞，乃至生活習俗，至今還流淌在薩瓦人的血液裡，像是口語表達中頻繁用 y，它有時取代定冠詞 le、la、les，有時沒由來的慣用，或是習慣將薩瓦的多摸乳酪（Tomme de Savoie）丟入湯中食用等等，這些都是無法抹滅的傳統。

・薩瓦歷史書籍

・超過112年歷史的薩瓦銀行

・薩瓦牛隻在餐館門口迎接

薩瓦風情

法國從 22 個大區合併成 13 個大區，每區下列又有各省，以本區來說，雖然地處隆河另一邊的中央山地奧維涅（Auvergne），與隆河 - 阿爾卑斯合併成同區，但就地取材的民宅、教堂、庶民文化、服裝、頭飾，甚至飲食習慣截然不同。

而本區的兩個薩瓦省也有自己獨樹一幟的特色，有別於其他省份，除了看的到的薩瓦字樣，更多的是散發在生活裡的氣息，自然而然就是與眾不同，明明就是山區，卻還能優雅到骨子裡，如果你夠敏銳，一定可以感受我說的是什麼……

愛心圖騰

大概沒有其他省份有如薩瓦地區，出現那麼多的愛心，從桌布、窗簾、擦手巾、杯盤、鐵製到木雕家飾品，不論出現在哪裡，有著各自的創意與溫度，因為沒有統一的圖案，所以少了商業味道，這些愛心讓我連結到薩瓦銀行 (Banque de Ssavoie) 官網上的這句話「Savoyards de cœur d'ici ou d'ailleurs, notre cœur bat pour vous！無論是在這裡還是其他地方，薩瓦人的心都在為您而跳動！」

・簡單的木製餐盤

・吸水的擦手巾

・窗簾上的愛心刺繡好吸睛

・大大小小的愛心與象徵法國的公雞

・心形的陶盤為生活帶來喜悅

・薩瓦紅的愛心牛鈴

酷愛紅色

將紅色帶入生活之中，自成一格的品味，熱情的紅色與米、白、灰與淺褐色特別互搭，特別是在冷冽的寒冬雪地，成為溫暖的存在，打造出阿爾卑斯的高地風情，從圍裙、桌墊、桌巾、隔熱手套、杯盤等等都能感受到。

・紅椅、米桌巾與原木的搭配讓人溫馨

・紅色餐盤開啟食慾

木製家具

話說以前的人們因為天寒地凍，沒有現今多采多姿的娛樂，所以在漫長的冬季會自己動手做家具，木頭的質感為空間帶來溫暖，讓人覺得格外放鬆自在，而且與紅色特別搭，兩者在一起彷彿有了療癒的力量。

・從桌面、隔間牆到天花板，洋溢著溫潤的木質調。

・簡單的幾個元素即能創造氛圍

半木造石屋Chalet

源自薩瓦地區上上上世紀的農牧小屋，牧牛同時兼顧擠奶、製作乳酪，後來因滑雪盛行，漸漸成為度假山屋，Chalet 在歲月的沉澱中並沒有衰敗老去，反而成為另類時尚，不僅僅在當地，許多國家都跟進興建小木屋，尤其是後起的飯店或滑雪度假村落，甚至走高檔精品路線的滑雪度假飯店，都融入小木屋的靈魂，每每在雪地之中更顯迷人。但我個人還是最喜歡薩瓦鄉間傳統的半木造石屋，地面樓層以石頭堆砌，上層是就地取材的冷杉或落葉松，木與土的元素打造無可取代的 Alps。

・木造陽台的聖誕樹雕飾

・冬暖夏涼的半木造屋

低調的巴洛克式教堂

義大利與巴伐利亞的巴洛克式大教堂是走華麗的路線，但薩瓦地區的巴洛克式教堂，越到鄉下外觀越是簡樸，最特別的是有著洋蔥狀鐘樓，與法國其他地區有著很大的不同。

・聖米歇爾教堂的鐘樓是最古老的部分

・仿羅馬式的小教堂開窗很少

中法習性來磨合

我們的家人都各有習慣與價值觀，更何況是到另一個國度旅行，碰撞的火花免不了，與其用頭腦演遍各種小劇場，不如好好來了解，也是旅遊見聞樂趣。

假日減班或提早收工

最常見於公車時刻表，週一到週五班次最頻繁，週六減班，週日或假日許多路線停駛，甚至有些路線寒暑假沒發車，建議出國前先上網查詢；至於火車班次的原則大抵也是如此。這跟我們在台灣所習於的假日班次加開，完全是不一樣的做法，也是價值觀的展現，在法國對司機而言，你們要放假，我們也想休息。

自動售票機只能投零

不收紙鈔啊！是…你沒看錯，特別是在法國國鐵的 ter 自動售票機，有些小火車站沒有實體售票處，或某些車站在假日及晚上七點之後，臨時要買票就是只能透過售票機，在經過一番操作，最後才發現只能投零錢，真的會讓人昏倒，所以零錢跟信用卡都很重要哦。

・只要沒下雨，露天位子總滿座。

・拾起燦黃落葉任其揮灑

隨身攜帶Bonjour護身符

在法國生存必備的招呼語，身為旅人更是要入境隨俗，舉凡餐館、店家、任何櫃台辦事、上公車、火車查票、路邊問路等等，辦任何事的開頭詞，若不會講法語，更要說您好、早安（Bonjour）才能事半功倍，更可避免不必要的誤解。

這的確跟台灣習慣不太相同，至少我們上公車時不會問候司機，到郵局寄信也不會說您好，進專櫃更不會跟櫃姐說日安。

不喝熱開水，熱湯非必要

對法國人來說，生病時才會喝熱開水，但台灣人喝熱開水的習慣在冬天更明顯，好在現在大部分的兩星以上的飯店，幾乎都有提供煮水器，所以走溫養路線的人到法國，輕量型熱水瓶是必備的。

・電梯很小台也算常見

・秋日的安錫湖畔

熱湯也不在法國人日常飲食，因此很少出現在餐館菜單，就算有湯往往跟我們的期待不太一樣，慶幸的是，上薩瓦省比起其他大區有更多的湯品，但大都是濃湯或加了乳酪。一旦在寒冬之中，想要喝熱湯的亞洲胃發作，就是直接衝中式餐館或越南餐廳。至於在台灣四季都能吃到的火鍋，在法國中餐館價位相對很高，而法國所謂的火鍋，要嘛是乳酪火鍋或滿鍋油的刷肉鍋。

四星飯店沒有冷氣

特別是在阿爾卑斯山區，即便是夏天也不太會超過 30 度，一旦入夜後溫度下降，的確沒有冷氣的必要，但因近年氣候異常，熱浪來襲夏天常常會飆到 38 度以上，怕熱的人建議帶扇子備品用。

飯店沒牙刷

向來法國飯店不提共一次性的盥洗用具，如牙膏牙刷浴帽，沐浴乳、洗髮精也大都是大瓶裝共用，有些 4 星飯店或許會提供一次性室內拖鞋，有些 2~3 星連鎖的淋浴間空間小。

醫生到府看診

記得有次團員感冒了，咳嗽蠻嚴重又好幾天，決定要看醫生，於是請飯店櫃檯協助叫醫生來看診，那是 18 年前的事了，當時的診療費用是 120 歐元，還要自行到藥局買藥。在法國的街道路上很難看到診所，就更不用說顯眼的招牌了。也聽朋友提過，看個牙醫要等兩個月，果真跟台灣路上診所多、掛號也方便有很大不同。

城鎮解鎖

里昂 Lyon

聖加勒米耶
Saint-Galmier

隆河畔圖儂
Tournon-sur-Rhône
坦-艾咪達吉
Tain-l'Hermitage

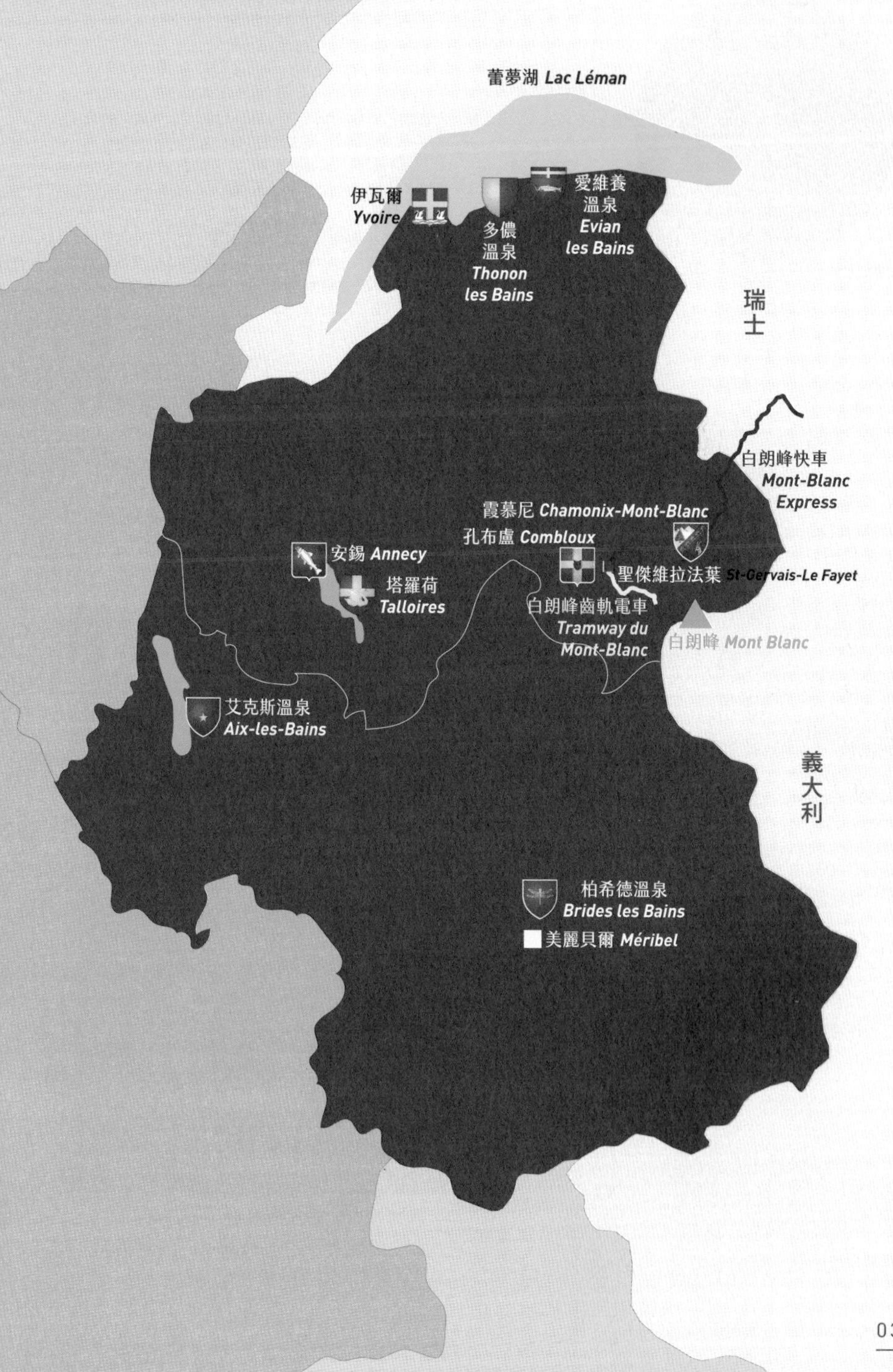
蕾夢湖 Lac Léman
伊瓦爾
Yvoire
多儂
溫泉
Thonon
les Bains
愛維養
溫泉
Evian
les Bains
瑞士
白朗峰快車
Mont-Blanc
Express
霞慕尼 Chamonix-Mont-Blanc
孔布盧 Combloux
安錫 Annecy
塔羅荷
Talloires
聖傑維拉法葉 St-Gervais-Le Fayet
白朗峰齒軌電車
Tramway du
Mont-Blanc
白朗峰 Mont Blanc
艾克斯溫泉
Aix-les-Bains
義大利
柏希德溫泉
Brides les Bains
美麗貝爾 Méribel

・里昂市徽獅子
與三朵百合

里昂 Lyon

16世紀文藝復興建築持續發光

身為法國第三大城的里昂，也是奧維涅 - 隆河 - 阿爾卑斯的首府，很難想像只有 50 多萬人口。在隆河及頌恩河交織的老城裡，座落著數百條穿廊；居高臨下的祈禱山隔著頌恩河與紅十字區相望；巷弄間栩栩如生的壁畫教人會心一笑；城市角落裡的美食，從小酒館、美食市場、里昂媽媽到米其林餐館各有追隨者，老城的魅力總讓旅人又下了火車，再度走入城裡……

・與聖母有約的里昂燈節

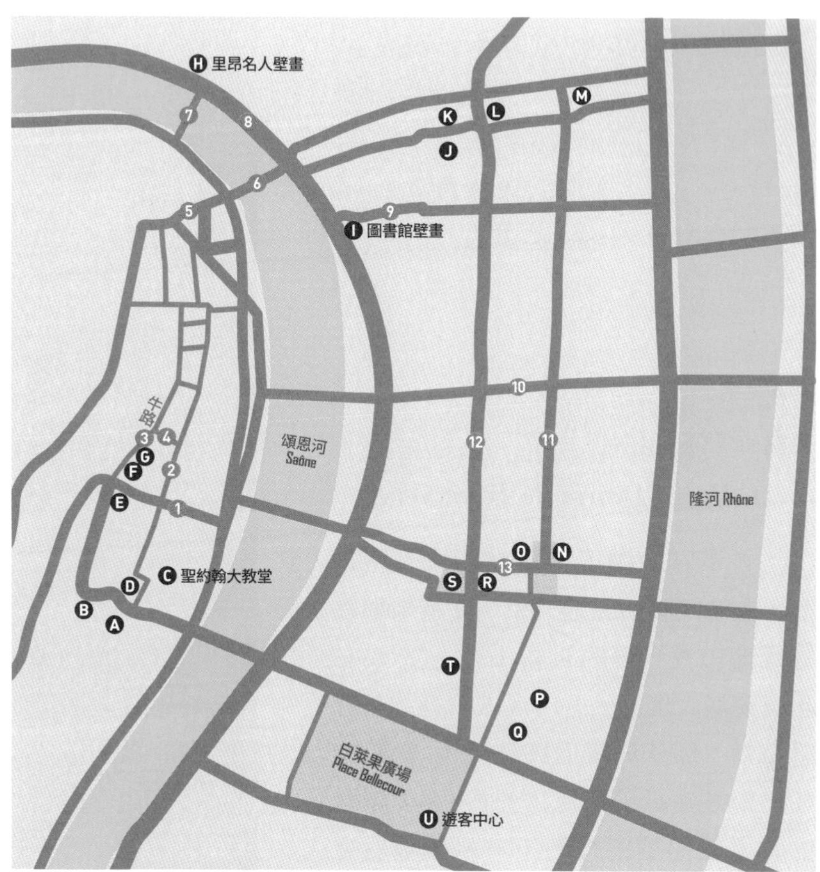

Vieux Lyon 里昂老城區暢遊簡圖

Ⓐ 富維耶纜車站 Funiculaire de Lyon Ⓑ 地鐵站（里昂老城 Vieux Lyon）Ⓒ 聖約翰大教堂 Cathédrale Saint-Jean Ⓓ 聖約翰廣場 Place Saint-Jean Ⓔ 餐館 Les Lyonnais Ⓕ 餐館 Le Boeuf d'Argent Ⓖ 茶館 Ô Passage Ⓗ 里昂名人壁畫 Fresque des Lyonnais Ⓘ 圖書館壁畫 La bibliothèque de la Cité Ⓙ 里昂美術館 Musée des Beaux-Arts de Lyon Ⓚ 沃土廣場 Place des Terreaux Ⓛ 里昂市政廳 Hôtel de Ville de Lyon Ⓜ 里昂歌劇院 Opéra National de Lyon Ⓝ 共和國廣場 Place de la République Ⓞ 春天百貨 Printemps Lyon Ⓟ 百代電影院 Pathé Ⓠ FNAC Ⓡ 蘭姿 Lancel Ⓢ 賈科班廣場 Place des Jacobins Ⓣ 愛馬仕 Hermès Ⓤ 遊客中心 ❶ Rue de la Bombarde ❷ 聖約翰路 Rue St-Jean ❸ 牛路 Rue du Bœuf ❹ Plaza Neuve Saint-Jean ❺ Rue Octavio Mey ❻ Pont de la Feuillée ❼ Passerelle Saint Vincent de Lyon ❽ Quai Saint-Vincent ❾ Rue de la Platière ❿ Rue Grenette ⓫ 共和國街 Rue de la République ⓬ 愛德華赫里歐街Rue du President Edouard ⓭ 拉盒格廊街 Passage de l'Argue

我是這樣玩　路過就到美食市場或小酒館吃一頓，有半天時間還可搭纜車去富維耶聖母院，如果能過夜，可從下列景點挑出對眼的來走。

景點　富維耶聖母院 *Basilique Notre-Dame de Fourvière*

在市區抬頭很容易就能看到聖母院，有如四腳朝天的大象，安穩地躺在富維耶山丘（暱稱祈禱山），在 1643 年黑死病大爆發，居民虔誠祈禱能夠躲過一劫，願望成真而將建於 12 世紀的托馬斯教堂獻給聖母，並於 1843 年在紅衣主教伯納德推動下，將鍍金的聖母雕像立在鐘塔上方，此後每到 12 月 8 日夜晚，居民們心有靈犀在窗台點燃蠟燭，向聖母表達內心的感謝與敬意，也是里昂燈節（Fête des Lumières）最初的由來。

・1998年老城及聖母院一同列入世界遺產

・富維耶聖母院永遠是里昂人幸福的靠山

1870 年普法戰爭期間里昂岌岌可危，就在千鈞一髮停戰，為了感謝聖母的守護，由百姓集資建於 1872-1896 年，建築師 Pierre Bossan 將不同時期的經典元素融合在一起，希臘風格的列柱、仿羅馬式的盲拱、圓拱、文藝復興對稱的階梯，自成一格的聖母院。

走進教堂以藍色與金色為主的穹頂壁畫映入眼簾，二側牆面六幅馬賽克鑲貼，將拜占廷金碧輝煌的風格完美呈現；哥德式尖形拱窗之下，是一幅幅絢麗的彩繪玻璃，加上馬賽克拼貼的地面，真是讓人目不暇給！

教堂後方的戶外平台可俯瞰市區，由近而遠，從老城區頌恩河、半島區、隆河、Part-Dieu 的鉛筆大樓，直至阿爾卑斯山脈，登高見廣觀天地的氣魄，讓人佩服羅馬帝國統治者的眼光，選擇在此作為高盧首府，舊名為盧迪南（Lugdunum）的里昂，就是由此簡化而來。

・美侖美奐的穹頂壁畫

景點 聖約翰大教堂
Cathédrale Saint-Jean

里昂的主座教堂是獻給施洗者約翰，建於 1175 年，1481 年才完工，一蓋就是300年，雖沒有高聳的雙塔，但從地面三個尖型拱門、玫瑰窗、二側的飛扶壁與吐火怪獸，都是來自哥德建築的血統證明。教堂內部建於 14 世紀的天文鐘，可以清楚看出太陽、十二星座、24 時辰的運行，但教會曆上面密密麻麻的 365 位聖人的名字，恐怕不是一般眼力可及。至於教堂最大盛事，非 1600 年亨利四世迎娶瑪麗梅迪西婚禮莫屬。

・教堂立面以雷射科技恢復昔日風采

・里昂燈節絢麗的光影讓老建築變裝

・自助可透過預訂參加穿廊導覽

・大部分的穿廊就是通道

・穿廊從A棟進去，B棟出來

景點 老街穿廊 *Traboules*

起源自中世紀，最初是為了快速取水免於繞道，連結在兩棟建築的通道，後來在走道加蓋水井、庭院，進而成為居民話家常所在；到了16世紀絲綢業興起，正好成為運送絲綢的捷徑，更可免於被雨水淋濕，如今成為深具文藝復興風情的建築特色。目前僅有極少的Traboules開放給遊客體驗，帶團時我會親自領軍，碰碰運氣按下按鈕，推開門走進暗藏在牛路（Rue du Bœuf）及聖約翰路（Rue St-Jean）之間的穿廊，一會是昏暗密道的驚險，一會是古色古香的露天樓梯與天井，時間短暫卻是無聲勝有聲。

景點　三大壁畫

成立於 1978 年的 Cité de la Création，透過壁畫師的巧手，將壁畫與生活深刻連結，整座城市大大小小加起來有 750 多幅，街頭常有不期而遇的小壁畫讓人欣喜，下面三大知名作品更是里昂不可錯過景點。

里昂名人壁畫 *Fresque des Lyonnais*

31 位出生於里昂的各界名人，跨越時空齊聚在此，當你來到這裡抬頭仰望，會先看到誰呢？料理神廚 Paul Bocuse、發明電影的盧米埃兄弟、小王子及作者安東尼聖修伯里，都剛好位在右側的 0 到 2 樓，旅人們莫不引頸找尋心目中的名人。

・到底是誰在看誰？

・好和善的獅子

圖書館壁畫 *La Bibliothèque de la Cité*

與名人壁畫僅相隔350公尺，位在頌恩河畔釣魚人碼頭附近，幾可亂真的巨大圖書令人驚嘆，在400平方公尺的牆上，收藏著數百本里昂或隆河-阿爾卑斯地區的名著，最被廣為人知的莫過於小王子。

・小女孩也想進去書店

絲綢工人壁畫 *Le Mur des Canuts*

位在紅十字區的交叉路口，此為歐洲最大的壁畫，描繪當地居民的生活與工作，真人比例大小極為逼真，巧妙地與周遭環境融為一體。

・千萬別真的爬上樓梯

・街頭畫家對創作的熱情

景點　紅十字區 *La Croix-Rousse*

您知道嗎？里昂在 17 世紀是絲綢之都，高檔的絲織品早已暢銷歐洲各地，尤其在太陽王路易 14 所打造的凡爾賽宮，為當時歐洲宮廷時尚指標，王公貴族、富有的中產階級，一場又一場的舞會、宴席所需要的綾羅綢緞，高跟鞋面，甚至是宮廷豪宅氣派的室內裝潢布料，都是來自里昂。

歷史上沒有永遠的唯一或第一，絲綢源自中國，羅馬帝國時期是昂貴舶來品，但隨著文藝復興中產階級興起，絲綢需求大增，當時歐洲最好的絲織品與最大產地都在義大利，雖然里昂在 1536 年才有第一家絲織工廠，但在 1600 年技術上的突破及亨利四世推動養蠶造絲，而成為後起之秀，到了拿破崙三世更達顛峰。

・紅十字區獨特的建築樣貌

19 世紀的里昂已是法國第一個工業城市，絲綢工人湧入過於擁擠的老城，於是紡織工廠移至紅十字山，一幢幢 6 層高的樓房興起，外牆清一色沒有陽台，內部挑高以便擺設織布機，樓房之間為了便於運送織品，內部也是以穿廊連接。

大量訂單帶動紡織蓬勃發展，華麗的背後是由沒沒無聞的工人超時爆肝撐起，然而辛勞付出得到的報酬卻難以養家活口，加以工作環境惡劣，居家生活品質低下，終於在 1831~1834 年無產階級反剝削起義，雖然最後失敗收場，卻是史上社會運動的先驅。

19 世紀末因經濟衰退、消費者需求改變，新的布料推陳出新，絲綢不再是主流，以及機械化大量製造，里昂的絲綢業在 20 世紀初日漸沒落。

景點　白萊果廣場 *Place Bellecour*

位於隆河與頌恩河中間的半島區，有著法國第三大空地廣場，自 1715 年成為路易十四名下的皇家廣場，大革命之後也架起斷頭台，而後在第三共和改名為 Bellecour，與 12 世紀當時的葡萄園名稱相近。長方形的廣場緊鄰最熱鬧的商業區，藉由各種節慶或活動，扮演著與市民交流的功能，如足球賽巨大螢幕、里昂燈節大型作品、聖誕節的摩天輪、滾球比賽、溜冰場、音樂會等等，更是遊行必經之地。

・白天的白萊果廣場

・白萊果廣場上演里昂燈節

景點　沃土廣場 *Place des Terreaux*

從白萊果廣場沿著愛德華．赫里歐街步行 1.2 公里，可直達沃土廣場，與前者的空曠截然不同，這裡有 17 世紀的市政廳，及修道院改成的里昂市立美術館，最吸睛的是自由女神像的雕刻大師巴多弟在 19 世紀打造的噴水池，而地面的 69 個噴水孔則是 20 世紀的創意，透過流動的水、躍動的燈光將周遭點、線、面的建物與人連接起來，為這將近 300 年的廣場注入新的能量。

・79號高踞著公雞的樓房現為百代電影院

景點　共和國街 *Rue de la République*

大街下方是里昂地鐵紅線A奔馳的通道，時光倒流回到1900年，在地面上跑的都是電軌車，1853年在當時的里昂市長（Claude-Marius Vaisse）規劃下奠定今日市容，興建三條新的道路以便連結白萊果與沃土廣場，第一條完工於1862年的共和國街，街道筆直寬闊、樓房外牆有著華麗的浮雕或石柱、鑄鐵陽台的流動線條，立下當代建築典範。當時最負盛名的幾棟建物，如門牌85號設於1892年的里昂進步報社（Le Progrès）總部，現已被FNAC門市取代、門牌1號是由盧米埃兄弟於1896年開設全球第二家電影院，現為銀行，在在見證當時人們生活。

景點　拉盒格廊街 *Passage de l'Argue*

位在共和國街 40 號（兩棟春天百貨中間），就是拉盒格廊街入口之一，從愛德華赫里歐街 80 號那頭出來，是一條與巴黎廊街同時期的街道，建於 1825 年，大門入口都是當年新古典主義風格。內有男士襯衫、男女帽、領巾、手套、鞋子、手錶、戒指等店家，還有一家糖果巧克力糕餅店。

・拉盒格廊街位於愛德華赫里歐街的入口

景點　愛德華赫里歐街 *Rue du President Edouard*

・夜裡熠熠生輝的賈科班廣場（Place des Jacobins）

與共和街同樣建於 19 世紀後期，赫里歐街卻散發著巴黎歐斯曼風情，其實里昂的瓦伊斯風格比歐式曼早一、兩年，如果著迷於新古典風格建築，漫步在這條街上肯定是興奮的。大街整體風格以三角形門楣、小天使人頭、貝殼、水果、花草枝葉，鐵灰色鑄鐵陽台打造優雅路線，靠市府這邊的 1 號、靠白萊果廣場的 99 號的小天使，77 號的勞力士、79~81 號的 Lancel 接連三棟，希臘神柱與女神雕像互相輝映，78 號二座女神樓房則建於 1865 年，19 號與 40 號街口都有聖母抱聖嬰雕像，唯 19、21 號老舊的大門特別顯得年代久遠。每當華燈初起，愛馬仕、迪奧、卡地亞、路易威登，在昏黃光影之下低調爭艷。

・氣勢非凡的愛德華赫里歐街

・盧米埃兄弟在博物館內迎接來客

景點　盧米埃博物館 *Musée Lumière*

關於電影的起源各有說法，但開啟電影在大螢幕放映並收費的先河，肯定是盧米埃兄弟。將場景拉回 19 世紀 60 年代，兄弟接連誕生在經營小相館的家庭。職校畢業後跟著父親工作，因興趣研發許多專利並開設工廠生產，兄弟二人對會動的影像特別感興趣，並從縫紉機獲得靈感。在 1890 年發明了集拍照＋錄影＋投影三合一的攝像機，路易開始拍攝生活題材的黑白短片，並在

1895 年 12 月 28 日在巴黎卡布辛諾大道上的大咖啡館首映，只要一法郎就可以欣賞 10 部電影。

其中最知名的二部《工廠的大門》、《園丁澆水》不到一分鐘，用手搖動僅僅 50 秒，前者是自家工廠工人下班的畫面，沒有任何情節，而後者已有敘事結構，更是喜劇電影創始。至於 1896 年的《火車進站》更是紀錄片的濫觴，此後這些電影陸續到世界各國放映，開啟人們視覺新體驗，帶動電影成為當時最潮的休閒娛樂。

1903 年路易發明了彩色膠卷（Auto Chrome），引領彩色拍照的普及，時至 20 世紀中期，盧米埃公司生產的彩色底片在法國相當暢銷。為了紀念兄弟對電影創作的貢獻，將故居設置成紀念館，除了最珍貴的三合一電影放映機，還有各種骨董相機展示、電影發明過程、黑白影片陳列，紀念品處有珍藏版的電影海報。

・這裡是1895年放映《工廠的大門》實景地

美食 名人壁畫最顯眼的位置，是大廚保羅包庫斯（Paul Bocuse），由此可見美食之於里昂的重要性，也因著得天獨厚的地理優勢，就近取得各種豐盛食材，除了米其林的星級餐館、米其林餐盤推薦（Assiettes Michelin）、里昂媽媽（Mères Lyonnaises），以及從 Mâchon 衍生的小酒館（Bouchon）更是四處林立，帶團時我會在老街選家親民的小酒館，在這裡可以放鬆心情吃喝，每桌 5 道菜以分享的方式來品嚐，最受團員們歡迎的口味有下列……

・里昂白帽協會（Toques Blanches Lyonnaises）以廚師為靈魂人物

美食 里昂絲織工人的腦隨 *Cervelle de Canut*

聽起來很嚇人的名稱，卻是最受團員歡迎，以白乳酪加上細香蔥、橄欖油、歐芹、大蒜、酒醋、椒鹽拌在一起，可直接食用也可當沾醬，比較像是開胃小菜，最讓人一口接一口。

美食　里昂沙拉 *Salade Lyonnaise*

在法國各大區總有代表性的沙拉，里昂沙拉以生菜（或蒲公英葉）、培根豬肉丁、麵包丁、水波蛋、紅酒醋、第戎芥末組成，看似簡單卻有好滋味。

美食　里昂麵粉蛋丸子 *Quenelles de Lyon*

介於魚漿＋海綿蛋糕，既扎實又蓬鬆口感，雖看不到魚肉卻帶著淡淡鮮味，以梭魚、麵粉、奶油、雞蛋、磨碎乾酪、椒鹽料理而成，不同店家各有獨門的醬汁搭配。

美食　里昂水煮香腸 *Saucisson à Cuire*

以豬肩肉、椒鹽做成，簡單卻很有飽足感，跟前面的菜餚很搭。同樣是香腸，以豬肉、培根、大蒜、白胡椒粒、椒鹽做成的里昂玫瑰香腸（Rosette de Lyon），口感異於水煮香腸，適合當開胃菜。

里昂保羅包庫斯市場 *Les Halles de Lyon Paul Bocuse*

除了帶團，代客量身規劃行程也是我的工作，但往往自己的行程卻懶得安排，特別是在一個大城市，因為對我來說沒有什麼景點是非去不可。更喜歡憑著自己的「眼耳鼻舌身意」六根的感受，去發現新景點新事物。

當我第一次來到這裡，親眼目睹匯聚里昂及鄰近地區的各種食材及料理，發現裡面的餐館比我想的還要多，很想找一家坐下來午餐，但要選哪家呢？

漸漸地聞到熱騰騰的香氣，不僅開啟了食慾，也帶領著腳步向前搜尋，來到某個攤位前面，對！就是這裡了，簡單的座位，

・吸睛的粉紅果仁塔（Tarte aux Pralines）

不講究裝潢，但深深被料理的氣息所吸引，點好菜在等待的同時，一回眸我看到牆上保羅包庫斯的畫像。

滿足了味蕾，繼續前往其它攤位尋寶，希望離開前能用甜點收口。正好經過一間知名的乳酪店，牆上掛著保羅包庫斯的畫像及他與里查媽媽 Mère Richard 的合照。冷藏櫃檯放了道地的聖馬賽蘭軟酪（Saint-Marcellin）及一整排優格，直覺地選了從沒嚐過的葡萄柚優格，迫不及待打開來，一口接一口停不下來，實在是太好吃了，讓我後來又回頭再外帶米布丁。難道這一連串的美食安排，就是保羅爺爺在帶路？！如果是，那太感謝了。

・海鮮拼盤與白酒

・保羅包庫斯指定里查媽媽乳酪相關產品

里昂保羅包庫斯市場與里昂巴迪厄火車站周邊暢遊簡圖

美食　閃電泡芙 *Éclair*

Eclair
2,05 €

1860 年源自里昂，長條狀的泡芙，填入香草、咖啡、巧克力卡士達醬，好吃到幾口就可快速解決，有如閃電般。

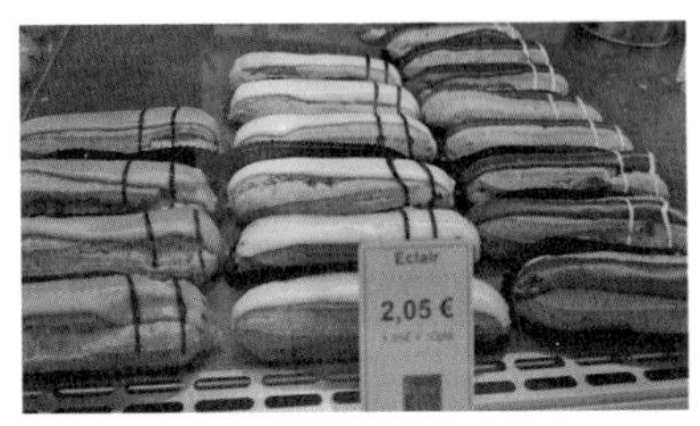

美食　里昂靠墊 *Coussins Lyonnais*

COUSSINS DE LYON
1,20 €
pièce

1960 年由里昂巧克力大師瓦讚（Voisin）所創，以甘納許、杏仁醬、苦橙利口酒作成，外觀是縮小版的土耳其綠靠墊，讓人不看到都難。

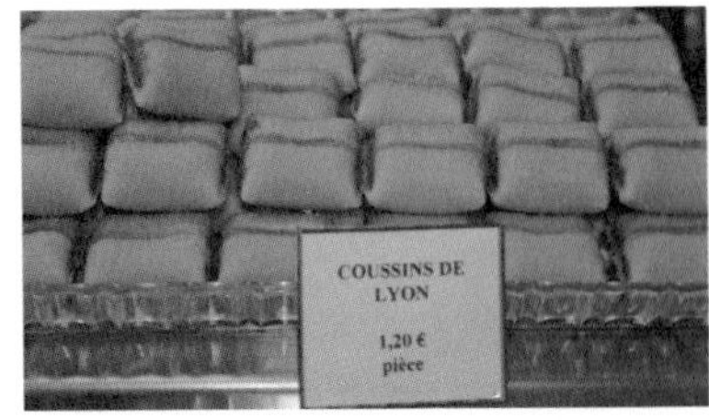

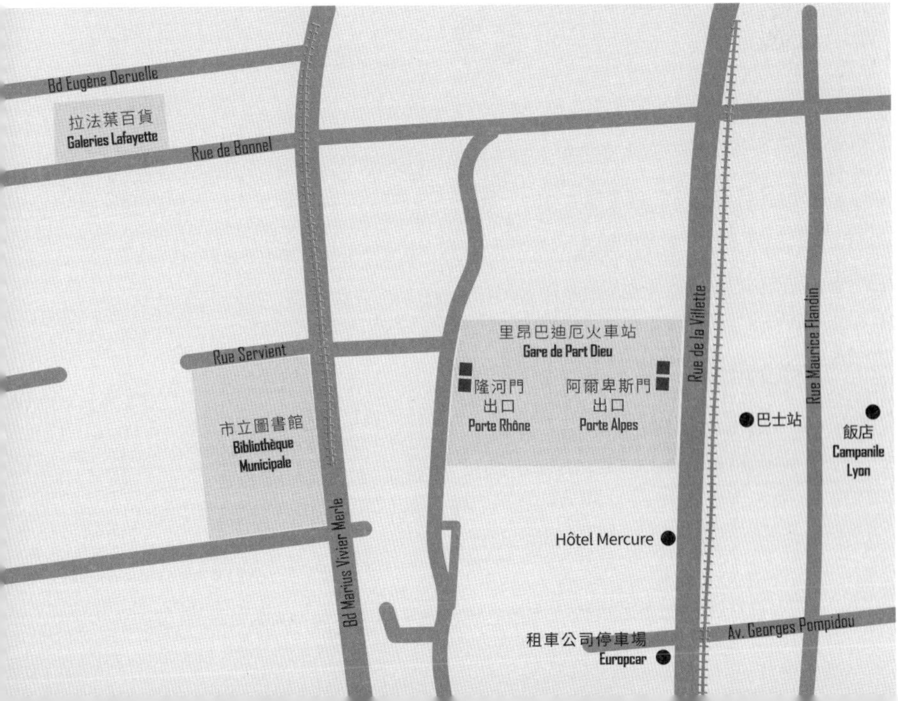
Bd Eugène Deruelle
拉法葉百貨
Galeries Lafayette
Rue de Bonnel
Rue Servient
市立圖書館
Bibliothèque
Municipale
Bd Marius Vivier Merle
里昂巴迪厄火車站
Gare de Part Dieu
隆河門
出口
Porte Rhône
阿爾卑斯門
出口
Porte Alpes
Rue de la Villette
Rue Maurice Flandin
巴士站
飯店
Campanile
Lyon
Hôtel Mercure
租車公司停車場
Europcar
Av. Georges Pompidou

蕾夢湖區 Lac Léman

蕾夢湖畔三湖村，伊瓦爾是鼎鼎有名的美村與花村，讓人一眼即愛上；愛維養更是知名礦泉水源頭，當年只見大叔們裝瓶提水，年輕時的我們不為所動，如今來訪卻跟著猛裝水；多儂溫泉不若前二者名氣，常被旅人直接跳過，然20 年後竟成我心中最愛。原來旅遊的心境真的會隨年齡悄然改變，佇立在蕾夢湖畔朝著對岸的瑞士遠目，這有趣的過程讓我不禁莞爾。

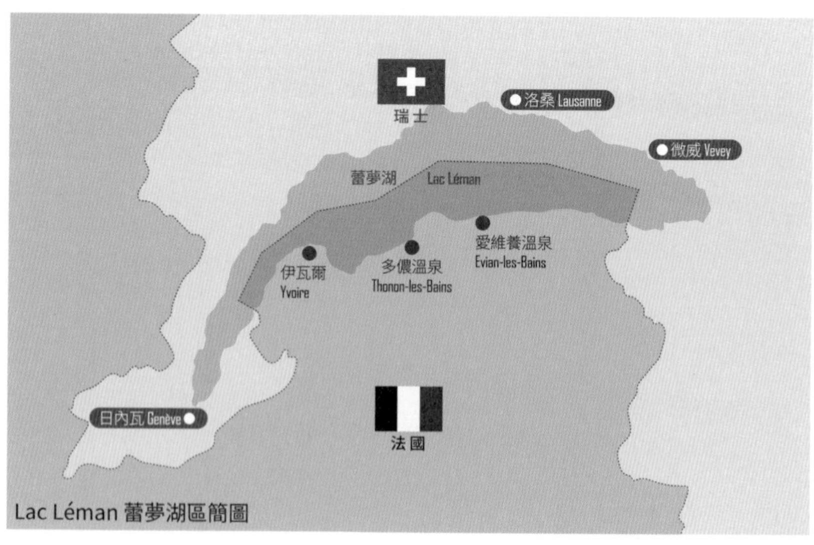

Lac Léman 蕾夢湖區簡圖

・名不虛傳的花村伊瓦爾

我是這樣玩 來到蕾夢湖區又想同時擁抱三個小鎮，勢必停留2晚，如果時間有限，精華分別為伊瓦爾的老街、多儂的全景公園、愛維養現嚐礦泉源頭。

伊瓦爾 *Yvoire*

人口不到千人的伊瓦爾，每年卻吸引上百萬的遊客慕名而來，從中世紀走來的漁村並沒有特別景點，即便是湖畔的私人城堡也不對外開放，信步繞村子一圈不用一小時，到底是什麼緣由讓小村締造出如此亮眼觀光佳績？讓身為旅遊業的我試著想找到答案！

村落裡的民宅大都以大小不一的石頭堆疊而成，有著高高低低的圓拱、階梯與露臺，加上木門、木窗、木製陽台的雕花，渾身上下散發著樸拙風情，家家戶戶用心種花、植木，花團錦簇、

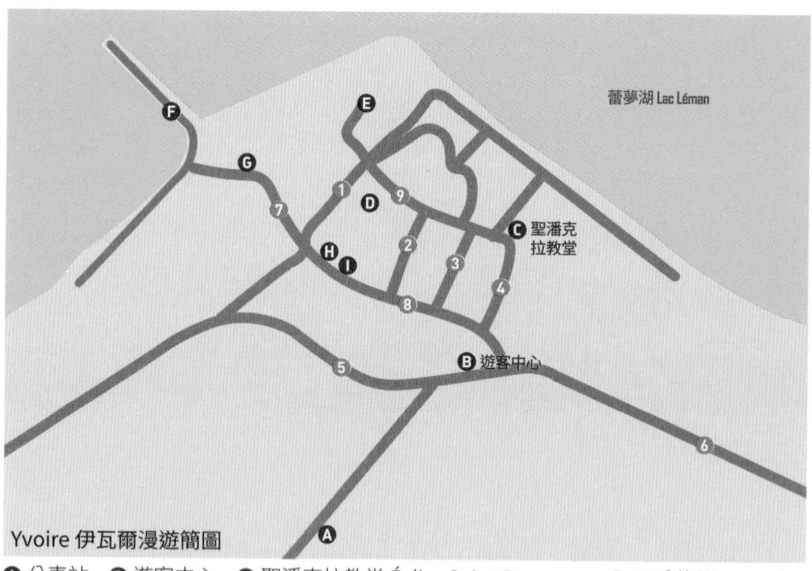

Ⓐ 公車站 Ⓑ 遊客中心 Ⓒ 聖潘克拉教堂 Église Saint-Pancrace Ⓓ 五感花園 Le Jardin des Cinq Sens Ⓔ 城堡 Château d'Yvoire Ⓕ 碼頭 Ⓖ Hôtel Restaurant Du Port Ⓗ Atelier Hubert Cristallerie Ⓘ Restaurant Les Jardins du Léman ❶ Rue du Lac ❷ Rue des Jardins ❸ Rue des Boulangers ❹ Rue de l'Église ❺ Prom. des Remparts ❻ Rue des Bouchets ❼ Rue du Port ❽ Grande Rue ❾ Rue de la Liberté

・街道路牌的旗幟，有著優雅天鵝與城堡

・中世紀的石造城門與城牆

・把美感帶進生活

・伊瓦爾四月盛開的紫藤

奼紫嫣紅，讓這些雙層樓高的老宅充滿生機流動，這份努力獲得美村、三顆花村的肯定。

頂著 718 歲（2024 年）的高齡，伊瓦爾居住人口卻與年俱增，每年 4~10 月各種節慶活動既可自 high 更能與君同樂，中世紀妝扮的威尼斯節、延續農家精神的驢節、一日畫家體驗等等；還有聯合半島區村落或蕾夢湖兩岸城鎮的各種活動，伊瓦爾不讓自己成為孤芳自賞的孤島，而是與人連結的陸地，散發著暖暖魅力。努力與魅力加乘的力量，成就了無法抵擋的魔力，吸引成千上萬的旅人來訪，夏季人山人海是無可避免，倘若想來此沉澱，歡迎選擇 11~4 月的淡季來訪。

美食店家住宿

Hôtel Restaurant Du Port

位在湖畔的飯店並附設餐館，吃與住不必傷腦筋，電梯很小，房間不大，服務熱情。

・飯店晚餐

・樸拙的石砌飯店

Restaurant Les Jardins du Léman

米其林餐盤推薦的餐館，提供蕾夢湖鱸魚料理、蔬食餐點等等，每年休息 3 個月，樓上全景露台可從相對高處眺望小鎮、中世紀城堡與湖景，以及每年只對外開放半年的五感花園（Le Jardin des Cinq Sens）。

Atelier Hubert Cristallerie

很難不被看見的店家，各種水晶玻璃製品，杯盤、耳環、項鍊、手飾、家飾品等等。

雖然絡繹的旅客帶動形形色色店家發展，但因村落腹地不大，來到這裡不用刻意找尋也會相遇，且放慢腳步愜意逛逛，還能欣賞每幢石屋之美。

・坐鎮門口的老娘會變裝

・手繪陶製杯碗盤

多儂溫泉 *Thonon les Bains*

多儂背倚夏伯雷山，面朝蕾夢湖，是新興的溫泉小鎮，直到 1890 年溫泉開發後才綴上 les bains，目前有二家溫泉水療，另外在市區中央溫泉公園（PARC DU CENTRE THERMAL），靠近戴高樂大道這側，有座建於 1937 年的蘑菇噴泉（Champignon de la Versoie）可免費取水，由建築師 Louis Moynat 設計，馬賽克壁畫則是法國畫家 André Lhote 的作品。

由於地勢因素，市區是位在較高的上城，湖畔港口則居較低的下城，二地之間可開車、步行，或搭乘短短 200 公尺的全自動纜車（FUNICULAIRE），自 1888 年服務至今，也因這 46 公尺的高度落差，眺望蕾夢湖的視角更多樣。

・多儂人認為當地水質不輸愛維養

・在超市難得一見的多儂天然礦泉水

城市公園 *Le Belvédère*

位在市區整片綠地的公園，可說是蕾夢湖最佳眺望台，眼前開闊的湖光山色，時而迷濛時而清朗，傍晚更有令人微醺的夕照，為當天劃下美妙句點。往梭納城堡的方向前進，先經過童話故事裡的玩具兵、長頸鹿與單輪車的巨偶，接著來到德薩克斯將軍的青銅雕像，原為當地醫生，卻因緣際會加入拿破崙軍團，馳騁於沙場，名字被刻在巴黎凱旋門下方永留青史。

Thonon les Bains 多儂溫泉漫遊簡圖

- A 火車站 Gare de Thonon-les-Bains
- B 公車站 Gare Routière（Bus 152往Yvoire）
- C 蘑菇噴泉 Champignon de la Versoie
- D 溫泉公園 Parc Thermal（火車站步行約10分鐘）
- E 市政廳 Hôtel de Ville
- F 遊客中心（火車站步行約10分鐘）
  夏布列博物館 Musée du Chablais
  梭納城堡 Câteau de Sonnaz
- G 聖伊波利教堂 Église St-Hippolyte
- H-I 纜車 Funiculaire
- J CGN船公司碼頭
- K 里維港口 Port de Rives
- L 城市公園 Le Belvédère（火車站步行約15分鐘）
- M 新煌城餐館 Royal Thonon

- ① Pl. de la Gare
- ② Av. des Allobroges
- ③ Bd. Carnot
- ④ Av. du Général de Gaulle
- ⑤ Av. du Turgot
- ⑥ Av. des Tilleuls
- ⑦ 大街 Grand Rue
- ⑧ Pass. de l'Église
- ⑨ Imp. St-François-de-Sales
- ⑩ Rue des Ursules
- ⑪ Rue des Granges
- ⑫ Rue Michaud
- ⑬ Quai de Rives

・城市公園內的巨型開罐器裝置藝術

梭納城堡 *Château de Sonnaz*

於 1666 年由薩瓦公國的 Sonnaz 家族所建，法國大革命之後納入法蘭西版圖，而後歷經薩丁王國的統治，直到 1860 年歸入法國至今，城堡也在 1863 年轉身成為夏布列博物館（Musée du Chablais），並於 2008 年在此設立遊客中心，寬敞的空間、開架自行索取資料地圖，和善的服務人員，及免費舒適的洗手間，在我心中忍不住為這裡按讚讚讚。

・遊客中心位在城堡內

市政廳 *Hôtel de Ville*

有三角形門楣與拱門的市政廳原建於 16 世紀中期，當時被瑞士伯恩統治，但隨著年久破敗以及 1815 年的大火，直到 1821 年由瑞士二位建築師重新打造成當年最流行的新古典主義風格，拱廊則散發著薩丁王國的韻味。而長達 720 公里的大阿爾卑斯之路（Route des Grandes Alpes）的起點就在本地，標示著 0 公里的銅雕就在市政廳的地面。

・市政廳廣場與噴泉

里維港口 *Port de Rives*

CGN 船公司提供船班到對岸瑞士的洛桑，由此可順遊卓別林最愛的微維（Vevey），以及拉沃的葡萄園小徑之旅。湖畔碼頭一邊是停滿白色帆船的水天一色，一邊是餐館酒吧，4~10 月中的週日藝術市集，時段依天氣而定（10~19 點或 17~22 點），各種手作品讓人流連；圓環之後是碼頭，步道幾乎貼著湖岸，毫無阻礙將對岸的侏羅山脈、瑞士湖村的麗景收入記憶庫，化作滋養生命的能量。

・碼頭隨風搖擺的白色帆船

大街 *Grand Rue*

老街是鎮上最熱鬧的購物商區，除了餐館、咖啡館、BAR、土耳其 Kebab、有機食材、巧克力店，還有藥妝、衣鞋包包、文具，夏天想吃冰淇淋，冬天想喝熱紅酒，來這就對了！若抵擋不住誘惑買太超過，還有教堂可入內懺悔；7、8 月每逢週五的仲夏夜，免費的露天音樂會在廣場演出。

・食品店也透露當地飲食文化

・城市公園對面的中餐館可解鄉愁

・泉水從馬賽克牆面流出

愛維養溫泉 *Evian les Bains*

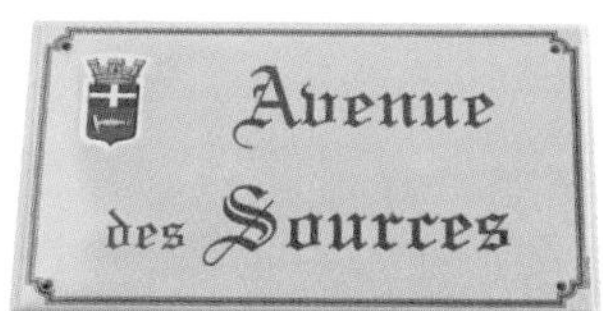

・愛維養街道路牌

在還沒來此之前，或許早已喝過 Evian 的礦泉水，水質好到連飯店水龍頭流出來的也是甘甜爽口，加以風光明媚的美景，難怪當地居民特別長壽。來到小鎮如果只能選擇一個景點，千萬別錯過卡夏泉源（Source Cachat），親口品嚐未經瓶裝的純淨甘泉，這湧現到我們面前的每一滴，都是歷經 15 年的旅程，途經阿爾卑斯山層層礦脈、砂岩涓滴而成，何其珍貴，不僅供當地居民免費取用，愛屋及烏讓到此一遊的有緣人暢飲。

Buvette Cachat

・卡夏溫泉浴場由建築師赫布拉德（Albert Hébrard）設計

建於1826年的卡夏溫泉浴場，在1905年轉型為社交中心，因年久失修由市府購入，在疫情期間經過多年修復，已於2023年夏季對外開放。最大看頭是大廳圓頂下方的半圓形彩色玻璃，呈現新藝術風格優雅的花卉線條。另一側是愛維養礦泉水產品展示處入口，透明玻璃的花草圖騰由克利斯汀拉垮設計。

關於溫泉小鎮的傳奇故事要從1789年講起，Laizer伯爵在卡夏家喝了花園裡的聖凱薩琳泉水，肝腎舊疾逐漸好轉，消息傳出卡夏家族開始賣出有神奇療效的水，1824年泉水澡堂開張了，這口湧泉也更名為Source Cachat，並將水裝在陶罐出售，澡堂加上熱力設施升級為溫泉水療；到了1829年第一家礦泉水公司誕生，1860年隨著薩瓦地區併入法國，五年後小鎮更名為Evian les Bains；1878年卡夏泉水的療效被官方公認，迅速帶動礦泉水銷售，20世紀初Evian的礦泉水換成玻璃瓶裝，期間經營權轉手，目前由法國知名食品大廠達農（DANON）掌管。

在法國只要是礦泉水源地，即立法規範方圓500公里之內不得汙染，以確保水質的優良，實際上Evian的礦泉水廠並非設在鎮上，而是以不鏽鋼管連接到 3 公里外的小鎮。時至今日，Evian 礦泉水或 Evian les Bains 水療，已與美麗、健康劃上等號，一個小鎮只要找到自己的亮點，用心維護、經營，必能安身立足並走出不被取代的路，愛維養溫泉做到了！

・新古典主義風格的市政廳，前身是安東尼盧米埃宅邸

・街道櫥窗散發著優雅風情

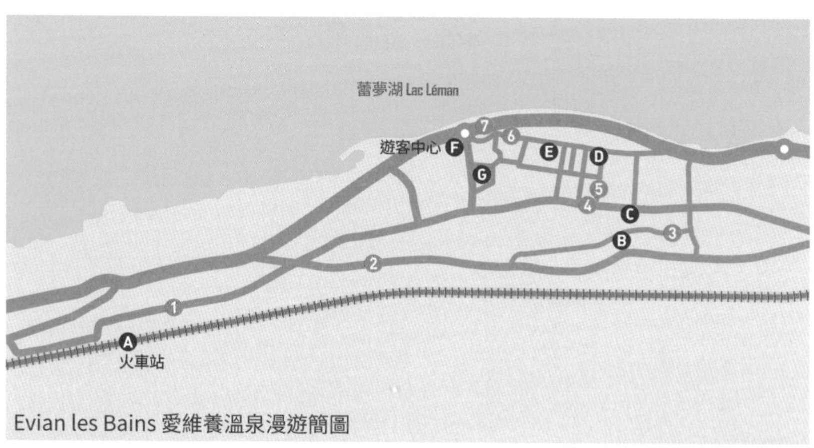

Ⓐ 火車站 Gare de Evian les-Bains Ⓑ 卡夏泉源 Source Cachat Ⓒ Buvette Cachat Ⓓ 市政廳 Mairie、盧米埃宅邸 Villa Lumiere Ⓔ 賭場 Casino Ⓕ 遊客中心 Ⓖ 聖母升天教堂 Eglise Notre-Dame-de-l'Assomption ❶ Av. de La Gare ❷ Bd Jean Jaurès ❸ Av. des Sources ❹ Rue Nationale ❺ Rue de la Source de Clermont ❻ Quai Charles Albert Besson ❼ Quai Baron de Blonay

艾克斯溫泉 Aix les Bains　薩瓦省溫泉古城

歷史悠久的艾克斯溫泉坐落於博日峰與布傑湖之間的窪地，千百年來小鎮的經濟、文化都與「水」緊密相依，Aix 是泉水，Les Bains 是溫泉，不論是為了湖光山色、礦泉水或是溫泉，如同綠色米其林指南的評語：「值得繞道而來」。

・布傑湖是法國境內最大的天然湖泊，緊鄰艾克斯溫泉。

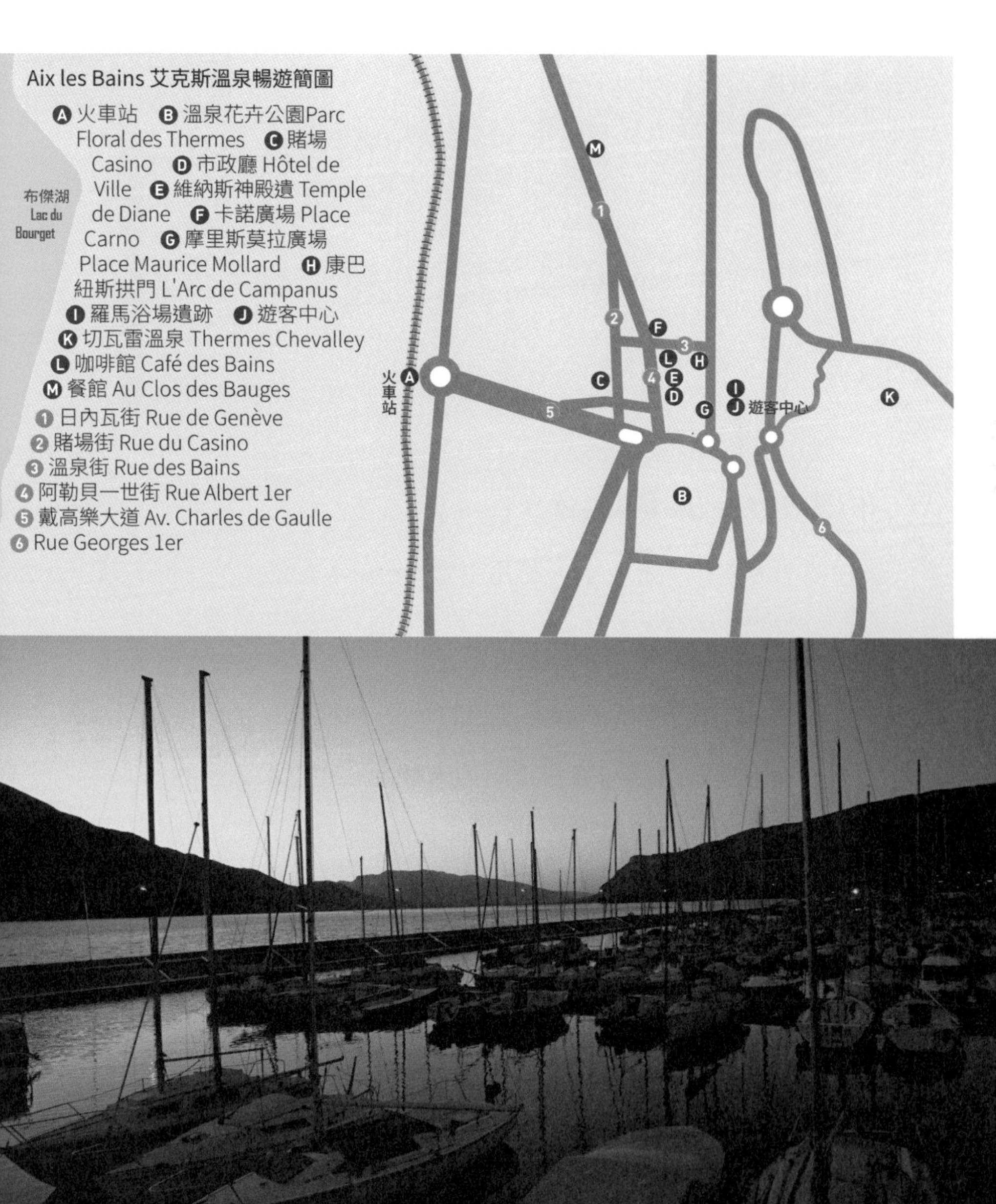
Aix les Bains 艾克斯溫泉暢遊簡圖
A 火車站 B 溫泉花卉公園Parc Floral des Thermes C 賭場 Casino D 市政廳 Hôtel de Ville E 維納斯神殿遺 Temple de Diane F 卡諾廣場 Place Carno G 摩里斯莫拉廣場 Place Maurice Mollard H 康巴紐斯拱門 L'Arc de Campanus I 羅馬浴場遺跡 J 遊客中心 K 切瓦雷溫泉 Thermes Chevalley L 咖啡館 Café des Bains M 餐館 Au Clos des Bauges
1 日內瓦街 Rue de Genève
2 賭場街 Rue du Casino
3 溫泉街 Rue des Bains
4 阿勒貝一世街 Rue Albert 1er
5 戴高樂大道 Av. Charles de Gaulle
6 Rue Georges 1er
布傑湖
Lac du Bourget
火車站
遊客中心

・大港口的夕陽時分

我是這樣玩

- 3 小時→如果只能路過，建議專程來體驗 2,000 年的溫泉
- 半天→溫泉＋遊船，溫泉＋梧桐步道，溫泉＋老街午茶，任君組合
- 過夜→才有足夠的時間認識獨一無二的溫泉鄉

・街道路牌與小鎮徽章

布傑湖 *Lac du Bourget*

不若安錫湖的高人氣，雖為法國境內最大天然湖泊，卻有著平靜若鏡的湖面，因地形之故湖岸腹地不大，沿湖村落寥寥可數，也免去過度開發，才讓布傑湖呈現自然氣息。行程中我們需要幾個越簡單越好的景點，沒有過度包裝，少一點儘量再少一點。

許多人與布傑湖初遇在飛馳的火車上，從里昂到安錫的 ter 火車，抵達艾克斯溫泉前 20 分鐘幾乎沿湖而行，映入眼簾常為湖畔一隅的蘆葦，或在木棧道上獨自垂釣的居民，對於看慣歐洲大山大景的旅人來說，不會有太多驚喜，但對火車迷來說是少有的視覺系路線。帶團時透過下列三種風情，來領略已然 19,000 歲的冰河湖泊。

・火車窗外的布傑湖

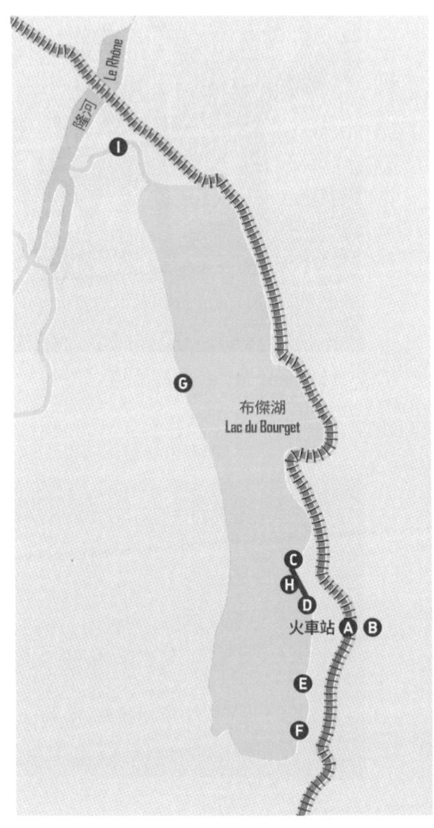

Lac du Bourget 布傑湖漫遊簡圖

- Ⓐ 艾克斯溫泉火車站 GARE D'AIX LES BAINS-LE REVARD
- Ⓑ 切瓦雷溫泉 Thermes Chevalley
- Ⓒ 大港 Grand Port
- Ⓓ 小港 Petit Port
- Ⓔ 麗都沙灘 Plage du Lido
- Ⓕ 賽賽萊角 Cap des Séselets
- Ⓖ 歐特恭博修道院 Abbaye d'Hautecombe
- Ⓗ 湖濱大道 Esplanade du Lac
- Ⓘ 薩維耶運河 Ccanal de Savière

遊船

先在大港（Grand Port）的遊客中心買票，再從港口上船，推薦兩條路線：紅色虛線（60 分鐘）可清楚看到建於 12 世紀初的歐特恭博修道院，是歷代薩瓦家族長眠所在；紅＋黃色虛線（4 小時），延伸到薩維耶運河（Canal de Savière），僅 4.5 公里的小運河有如臍帶般，一端連結布傑湖與隆河，另端接著上隆河運河（Canal du Haut-Rhône），自古以來是法國與薩瓦公國來往的水道。

從遊客中心旁的大港步行到小港，長達 1.5 公里停泊著遊艇、帆船以及彷彿看不到盡頭的梧桐大道，這裡是當地人散步、慢跑、遛狗、釣魚的所在，隨時可坐上木椅歇腳。夏天法國梧桐綠葉茂盛，9 月入秋轉黃，一路浪漫到 10 月底葉落滿地，11 月下旬一樹光禿，直到來年春寒料峭之際嫩葉初綻。

・11月底光禿禿的梧桐大道

賽賽萊角 *Cap des Séselets*

尚有腳力可繼續走，經過兩個小沙灘就來到賽賽萊角，蘆葦、綠草、剔透的鵝卵石與清澈水波，我個人很喜歡這個角度的布傑湖。從小港漫步過來至少需一小時的步行時間（不含拍照、休息），仲夏烈日下若沒把握，可搭 100 號公車往 Lycée Marlioz 方向，在 RIVES DU LAC 下車即可。自駕可善用在 Restaurant les Rives du Lac 餐館旁的路邊停車場，過馬路到正對面即是入口。

・湛藍湖水與鵝卵石

・公車站牌就在入口處

景點　摩里斯莫拉廣場 *Place Maurice Mollard*

・文藝復興風格的市政府

精於工程的羅馬人所到之處總留下足跡，艾克斯溫泉並非通都大邑，雖無重量級的競技場，卻也有好幾處歷史遺跡：建於西元一世紀的康巴紐斯拱門（L'Arc de Campanus），但實際用途至今仍是未解之謎，只能推測 1867 年拿破崙三世時期，它正好通向對面的佩來格里尼水療（即今日國家溫泉，旅遊中心也位在此），巧合的是在 1932 年在國家溫泉裡發掘了被泥流淹沒的羅馬浴池遺跡，也是建於西元一世紀；而拱門另一側與維納斯神殿遺跡（Temple de Diane）只有數步之遙，而神殿又與市政廳相連，1988 年因地下停車場工程，而確認神殿為二世紀上半葉遺跡，現已作為考古博物館。

今日的市政廳原為薩瓦公國的賽瑟爾家族（Maison de Seyssel）城堡，有著文藝復興風格外觀，直到 1866 年被艾克斯溫泉買下作為市政專用，未來有什麼新發現，我們拭目以待。

・風化嚴重的拱門屹立在國家溫泉對面

景點　切瓦雷溫泉 *Thermes Chevalley*

溫泉早在西元前 120 年羅馬統治時期即被開發，1600 年亨利四世在此建立澡堂，1783 年薩丁尼亞國王阿梅疊三世建立第一家水療中心，19 世紀初拿破崙的妹妹寶琳更將水療介紹給帝國成員，1810 年當約瑟芬與拿破崙離婚就是來此療傷，在切瓦雷莊園（Villa Chevalley）住了二個多月。

1860 年艾克斯歸入法國，拿破崙三世與歐仁妮皇后的推崇，帶動更多中產階級從巴黎搭火車前來，1870 年普法戰爭結束開啟美好年代，1885 年春天，英國維多利亞女王來到艾克斯溫泉，短短三週愛上了布傑湖，日後一再回來這裡度假，奧地利西西皇后、希臘國王喬治一世也跟進；文壇知名作家雨果、大仲馬、巴爾札克、喬治桑、歌壇的小雲雀皮亞芙等人相繼留下足跡；市區一幢幢宮殿式飯店林立，如亞斯多里飯店（Hôtel Astoria）、大

・亞斯多里飯店的另一側

・溫泉連鎖品牌Valvital

飯店、歐洲飯店（Hôtel de l'Europe）等等。時至今日除少數幾家仍在第一線迎接旅客，其它已改為一般住宅，見證了艾克斯溫泉名人雲集的一段歲月。

2011 年交棒給 Valvital 集團的切瓦雷溫泉，位在遊客中心後方的山丘，沿著石階上來穿過綠地，即可看到長方形的噴泉與米

・室內、戶外溫泉泳池皆可使用

色的建築，這裡不提供療程，僅有35℃的室內、戶外溫泉泳池，及水柱噴流座與按摩池，富含硫酸鹽與硫化鹽的水質，對於風濕疾病與靜脈曲張療效顯著，只要自備泳衣、泳褲、泳帽就能在櫃台購票入內，拿著鑰匙找到相同編號的更衣室，推門而入即看到一人份的浴巾、浴袍，完成更衣從另一側的門，寫著泳池入口（Acces Piscine）推出去，就可看到相同編號的置衣櫃，接著就請好好地享受這 2000 年的溫泉。

街道巷弄與美食

聚焦在民宅的窗框設計，也是我在旅行時的樂趣，但艾克斯溫泉的鍛鐵陽台似乎特別吸睛，灰藍、鐵灰、墨綠的雕花，洋溢著優雅的新藝術風格，也是許多溫泉小鎮的共同特色，讓我們在逛街購物時憑添優雅。

歷史街區的卡諾廣場（Place Carnot），同時也是雙十路口，連結的阿勒貝一世街（Rue Albert 1er）整排的鑄鐵陽台、木製百葉窗幾經歲月磨礪的風華；交叉的浴室街是當地最古老的街之一，18 世紀曾因大火重建並拓寬，兩百年來似乎未有太多變化；建於 1881 年的 Café des Bains 是當地最古老的咖啡館，除了漢堡、薯條、沙拉、簡餐，還有自製甜點。

・卡諾廣場有矩形的小天使噴泉

至於日內瓦街（Rue de Genève）是相對寬敞筆直的新街道，日常所需的各行業皆可在此滿足需求，這裡有我喜歡的小館 Au Clos des Bauges，在午餐推門而入已是高鵬滿座，法國人用餐總是吃飯配話，同時也在交流彼此的想法，共享美好時光也是吃的一部分，因此整間餐館可就熱鬧了。

強調新鮮食材及創意，料理跟著時節走，菜單是手寫板書，各種開胃酒、啤酒、紅白酒、冬天的熱紅酒任君點，午茶甜點也是店家現做的可麗餅、核桃塔、慕斯。

・Au Clos des Bauges常有創意料理

・核桃塔與熱紅酒有助冬日暖身

就是要住這裡　優質公寓

為了提供客戶更多樣的選擇，一直持續在開發新的住宿，但我發現公寓與飯店須留意的細節不太一樣，特別是自駕，曾遇到公寓沒提供車位，抵達時間已晚，路燈照明不足，門牌號碼不明顯，同時要找地址及停車，哦！這可不是在台灣。

所幸這間公寓附有地下停車場，貼心屋主帶路真的省時省力，地圖、wifi、洗衣機、廚房餐具，乾淨整齊一應俱全，雖不在市區但離湖很近，步行三分鐘可到，真是幾近完美了，唯獨退房前需打掃整理好讓下一組客人入住，而且屋主會來檢查並交還鑰匙，當然也可選擇花 45€ 的代價由他人代為打掃。

・一房兩廳一廚一衛的公寓形態

安錫 Annecy　你是如此美麗

我所認識的安錫，29年來並沒有太多轉變，群山環繞湖畔，堤塢運河仍有天鵝悠游，人聲鼎沸的市集依然在老街迎客；29年來有些地方悄然改變，愛上她的觀光客越來越多，許多店家服務生已退休，新世代生力軍加入。不論變與不變，過往曾跟著我的步伐穿越巷弄的團員們，我們都曾是安錫生命的過客，她的美麗將永遠烙印在心中。

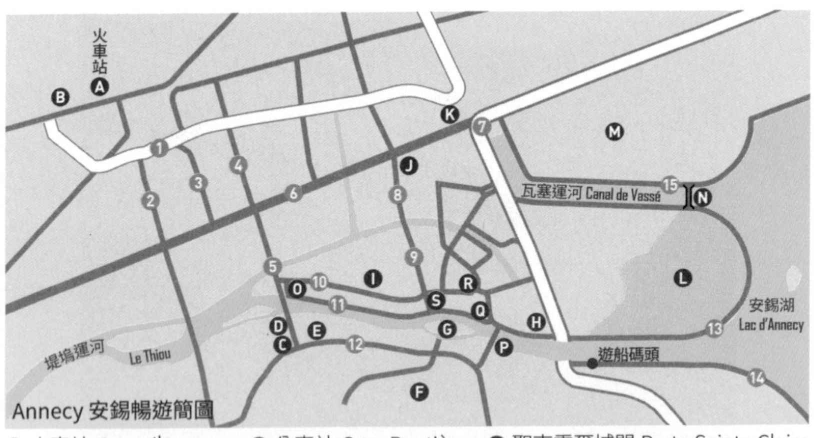

Ⓐ 火車站 Gare d'Annecy Ⓑ 公車站 Gare Routière Ⓒ 聖克雷爾城門 Porte Sainte Claire Ⓓ 卡洛之家 Maison Gallo Ⓔ 巴尼歐黑宅邸 Hôtel Bagnoréa Ⓕ 安錫城堡 Musée-Château d'Annecy Ⓖ 小島宮 Palais de l' Île Ⓗ 聖方濟教堂 Église St François de Sales Ⓘ 聖彼耶大教堂 Cathédrale Saint-Pierre Ⓙ 聖珍水井 Le Puits Saint-Jean Ⓚ 薩雷宅邸L'Hôtel de Sales Ⓛ 歐洲公園 Jardins de l'Europe Ⓜ 城市公園 Le Pâquier Ⓝ 愛之橋 Pont des Amours Ⓞ 里昂客棧餐館 Auberge du Lyonnais Ⓟ 冰淇淋 Perriere Ⓠ 手做巧克

・老城運河與石橋

力 Meyer Le Chocolatier D'Annecy Ⓡ 莉絲奶奶家 Chez Mamie Lise Ⓢ 熟食店 PAUVERT Traiteur ❶ Rue Vaugelas ❷ Rue de la Gare ❸ Rue des Glieres ❹ Rue de la Poste ❺ 共和國街 Rue de la République ❻ 皇家街 Rue Royale ❼ 帕基耶街 Rue du Pâquier ❽ 卡農街 Rue Carnot ❾ 聖母院街 Rue Notre-Dame ❿ 盧梭街 Rue Jean Jacques Rousseau ⓫ Quai des Cordeliers ⓬ 聖克雷爾老街 Rue Sainte-Claire ⓭ 拿破崙堤岸 Quai Napoléon III ⓮ 圖內堤岸 Quai de la Tournette ⓯ 雅克散步道 Prom. Jacquet

・安錫的夜太美

安錫歷史重點足跡

自古安錫為羅馬帝國的小鎮，西元 7 世紀後因地緣而與日內瓦伯爵關係密切，第一座教堂、伯爵居所及城堡應運而生，隨著家族沒落，安錫在 1401 年被薩瓦家族阿梅疊八世買下來，並在 1434~1659 年成為薩瓦公國封地的首府，18 世紀到 1860 年期間先後受薩丁尼亞王國及法國保護，1860 年之後歸入法國領土。很想像在 19 世紀曾為造紙、棉花、紡織與鐵工廠的工業小鎮，在 20 世紀後轉型為依山傍水的旅遊城鎮，每年 6 月的國際動漫電影節更是年度盛事。

我是這樣玩 為了解說及動線順暢，帶著團員散步的路線就從共和國街開始，依序經過盧梭街、堤塢運河、聖克雷爾老街，是老城最精華的三條散步道，它們從共和國街這頭平行，到了後段相通在小島宮前方，由此過紅綠燈就來到安錫湖，接著遊船之旅，下船後就是自由活動了，在這段單飛的時間裡，團員可以去做自己想做的，更深入景點、拍照、Café、購物等等，自己決定要停下來沉思，還是邁開腳步發現新事物，結合團體旅遊的便利與自助的自主。

・堤塢運河蜿蜒的老城區

景點 堤塢運河 *Le Thiou*

全長 3.5 公里的堤塢運河，最迷人的一段就位在共和國街（Rue de la République）到小島宮之間，幾座風塵僕僕的小石橋，連接兩岸色彩繽紛的民宅，以及古典的路燈一齊倒映在水中，讓人有如置身威尼斯的錯覺。

從共和國街開始漫步，會先經過調節安錫湖水位的閘門，接著經過許多餐館、紀念品店、書店依傍著潺潺運河，同時目不轉睛被眼前的風光所吸引，美得太震撼，常讓人不知所措，到底要先逛街還是欣賞風景，直到小島宮映入眼簾；在遊人如織的夏季，有人忙著拍照，有人開心拿著 Perriere 冰淇淋，有人佇足在吸睛的街頭表演，對岸整排餐館的露天座位總是客滿，每個人都十分投入於自己與安錫的互動模式。

景點　小島宮 *Palais de l' Île*

漂浮在堤塢運河的中世紀城堡，自 12 世紀以來，隨著時代的變遷扮演著各種角色，昔日曾是兵營、日內瓦法庭、監獄、鑄幣局，今日變身為薩瓦博物館，因特殊的三角造型有如運河上一座小島因而得名。

小島宮的對面的聖弗朗索瓦德薩雷教堂（Église St François de Sales），在當時是新教主流的安錫，卻成為天主教復興運動的基地，從日內瓦來到安錫的 François de Sales 大主教走慈愛路線，並推動有別於華麗的巴洛克教堂建築，內部祭壇相對是簡樸風格，他在 1665 年被封為聖人，同時也是記者與作家的守護神。

・小島宮是安錫明信片曝光率最高的地標

景點　聖克雷爾老街 *Rue Sainte-Claire*

與運河平行的老街正好位在城堡下方，在中世紀是主要街道，今日所見大都為 16、17 世紀的連續拱廊建築，地面 0 樓是櫛比鱗次好好逛的店家，樓上則是民宅；許多古老大門裡別有洞天，像是 18 號的巴尼歐黑宅邸（Hôtel Bagnoréa），曾是法語推廣學院，在當時以拉丁文為主流的年代，學習法文算是很潮，在 1607 年代是安東尼．法爾（Antoine Farre）的故居，他跟大主教建立的第一所法語研究院（Academie Florimontane），比巴黎的法蘭西研究院早了 29 年，雖然只維持 2 年多，但對日後學識研究的推廣奠定影響力，學院已於 1851 年重啓至今。

安錫建於 13 世紀的城牆因城鎮規畫，在 1822 年陸續被摧毀，僅徒留舊城門做時代見證，當時人們必須繳稅才能進城，現今老街二端的城門成為街上亮點。帶團時我會讓團員面向 12 世紀的聖克雷爾城門，從這個角度看出去，右手邊是廣場噴泉 20 世紀鋼筋水泥拱廊建築，左手邊是早期的石造拱廊，兩者年代相隔 300 多年，但新與舊相呼應，和諧共存零違和，讓人感受到市容規劃的用心。面對城門右手邊有棟搶眼的草綠色建築，就是卡洛之家（Maison Gallo），由薩丁王國的建築師查理卡洛在 1794 年買下，並改建為新古典與杜林巴洛克風格，現為安錫電影工作室與老安錫之友協會。

・聖克雷爾街高低不一的拱廊

・尋寶遊戲——老街有好多個泉水池

・充滿歷史況味的聖克雷爾城門

景點　盧梭街 *Rue Jean Jacques Rousseau*

以啟蒙時代哲學家盧梭（1712~1778）命名的街道，16 歲的他在 1728 年來到安錫學習音樂，遇到心儀的瓦倫夫人，一待就是 12 年，著名的《懺悔錄》即在此完成，1928 年依照他的遺願在安錫設立半身雕像。

繼續向前進，來到建於 1535 年的聖彼耶大教堂（Cathédrale Saint-Pierre），因前身是女修道院的小教堂改建，加上時代潮流而出現混搭風格，如教堂立面的八字型的彩繪玻璃窗是哥德血統，至於地面樓層對稱的階梯、四根壁柱及三個小山牆，外牆上方的水平帶（刻著捐地出錢的蘭伯特家族），在更上方的大三角型山牆，在建築上有著視覺平衡功能，都是走文藝復興路線，且最特別的是掛上了蘭伯特家族徽章。

・教堂在宗教戰爭時期收留日內瓦神職人員

眼尖的人或許會發現，教堂對面有棟樓房似乎與教堂建築相呼應，除了文藝復興風格的大窗戶、門口兩根壁柱，及小山牆上方刻著「蘭伯特家族宅邸，聖弗朗索瓦德薩雷，從 1602~1610 年定居在此」，這些都是讓我解說建築的最好見證。

景點 皇家街 *Rue Royale*

安錫老城有許多口水井，其中知名度最高的聖珍水井（Le Puits Saint-Jean），正好位在熙攘往來的十字路口——皇家街（Rue Royale）、帕基耶街（Rue du Pâquier）、卡農街（Rue Carnot）、聖母街（Rue Notre-Dame），中世紀時期建於當時教堂前方，但建造年代已不詳，並於 1689 年修復，1805 年已填平，1976 年列為安錫歷史古蹟。

・聖珍水井位在建於1823年的皇家街路口

皇家街後段接到帕基耶街，很難不看到這幢磚紅建築——薩雷宅邸（L'Hôtel de Sales）外牆的鑄鐵陽台，以及四個半身雕像分別代表四季，散發著優雅氣息，在 17 世紀時由大主教的孫姪輩建造，作為薩瓦王子來訪的居所，目前為薩瓦銀行總部。

・找找看象徵秋季的葡萄在哪座雕像？

景點 安錫三大市集

每月最後周六的跳蚤及藝術創作市集，讓人跌入舊時光，昔日生活種種物件在此大開眼界，讓人逛得過癮；每年 11 月底熱鬧的聖誕市集揭開序幕，在璀璨冬夜備感溫馨，讓旅人眼耳鼻舌身意六根滿足。

安錫的早市絕對是薩瓦地區最有活力的市集，每週三天各式各樣的攤位，擺著五顏六色蔬菜水果、香腸、乳酪、農家蘋果汁、香料、蜂蜜、牛嘎糖、啤酒，還有更多更多讓人忍不住要流口水的法式熟食、烤雞、麵包目不暇給；不須多餘文字贅述，且讓我在 P. 238〈市集趴趴走〉以更多圖片來傳遞這份欣欣向榮的氣息。

・每週二五日市集熱鬧登場

・冬日飄雪的安錫湖畔臻於仙境

景點　安錫湖 *Lac d'Annecy*

碧綠湖水四周有青山環繞，天氣好時抬起頭，常有飛行傘遨翔天際，湖面也有腳踏船可租乘，遊船繞湖一周只需 60 分鐘，環湖道路常有單車飛馳而過，是個充滿活力的湖泊。真的很難想像今日為歐洲最潔淨的湖泊，在 20 世紀年代竟被廢水嚴重汙染。因整治的決心與共識，讓這萬年的冰磧湖得以重生，有如綠寶石般閃耀在阿爾卑斯群山。

從聖方濟教堂後方過紅綠燈就來到拿破崙堤岸（Quai Napoléon III），左邊是偌大的歐洲公園（Jardins de l'Europe），佇立著維吉尼亞鬱金香樹、落葉松、柳樹和紅杉等 250 棵大樹，仲夏是席地悠閒野餐的人們，秋意濃烈的 11 月中，巨大高齡的銀杏樹灑落滿地金黃，踩在乾燥落葉上，發出療癒的沙沙聲，到了蕭瑟的冬日徒留枯枝，若夠幸運在 1、2 月來場大雪，天地之間黑與白的氛圍更是令人屏息。3 月下旬春神捎來訊息，嫩芽初綻的新生力量在醞釀，不論何時，旅人來安錫，總是有著滿滿感動！

來到安錫必用雙腳打卡之處，莫過於愛之橋（Pont des Amours），這座建於 1907 年以鑄鐵為建材的小橋，一邊是安錫湖與瓦塞運河（Canal de Vassé）的交界，一邊連接歐洲公園與城市公園（Le Pâquier），每個角度各有特色，特別是佇立在橋上一側是寬闊湖泊，一側是絕美的運河散步道，短短 200 公尺的梧桐樹、銅綠色的古樸街燈，緩緩漫步一段浪漫指數爆錶，肯定這

・秋日梧桐樹下靜泊岸邊的舢舨船

・冬日蕭瑟的愛之橋

輩子都忘不了。佔地七公頃的城市公園，裡面的步道都以雅克散步道（Prom. Jacquet）來命名，其中與馬路相隔的梧桐大道，很多當地人慢跑、遛狗、推嬰兒車漫步。

搭乘安錫湖遊船，最能暢意飽覽湖光山色，當船來到湖面最深處，靜靜享受著眼前的大山大水。夏天若時間充裕，可早點上船，並善用遊船班次，中途在湖村 Talloires 下船走走，至少二個小時才不會太匆趕。請記得遊船碼頭在拿破崙堤岸對面的圖內堤岸（Quai de la Tournette），遊湖的售票亭就在茂盛的菩提樹下，再往更裡面走會看到帆船停泊。

・從雅克散步道欣賞安錫湖

我與塔羅荷*Talloires*相遇的小故事

・塔羅荷村徽是優雅的天鵝

安錫湖畔的塔羅荷是個迷你村落，初次與她邂逅也是在帶團時。當時我們在遊船上，村莊景緻深深吸引著我，直覺告訴我一定要認識她，於是臨時起意帶著團員衝上岸，對我而言，她最迷人的視角是從碼頭展望眼前開闊的山景，這一幕的感動是日後讓我不厭其煩帶團員來此的動力。

下了碼頭，順著路前進即可進入村內，小村雖有名氣，卻無絡繹的觀光人潮，喜歡

・有著黃葉相襯的深秋湖畔

・夜之序幕在湖畔拉開

與大自然共處或想要獨處的人，這裡能夠找到恰到好處的寧靜，讓人可以好好在此漫步。但有沒有緣分親臨，端視旅人願不願多給一些時間佇足，因為安錫太迷人了，時間從來不夠用，如果不靠自駕，想來這裡，還可搭遊船或公車。

何其有幸，多年前我託團員的福，入住四星城堡飯店 Auberge du Père Bise，建於 1903 年並藉由翻新注入新貌，緊緊依偎著綠寶石的湖畔，英國女王及邱吉爾等名人都曾收藏那入夜的靜謐。那天我們事先到安錫市集採買午餐，中午就直接在庭院的木桌野餐，開心分享著食物，偶而靜靜看著湖水來回律動，聽著湖水拍打岸邊的聲音，因為沒有景點可言，所以不用趕時間。

午餐結束後團員各自活動，有人沿著碼頭、湖畔慢走，有人晃到鄰近的 Abbaye de Talloires 四星酒店，窩在裡頭的茶藝沙龍，坐下來喝杯溫熱的奶茶，分享著彼此的人生故事。旅行從來不是只有拍照打卡，與旅伴的交集往往只有這短暫十數日的相處，也算是緣分，聽著他人的旅遊經驗，或許也是開啟下一趟飛行的契機。

・笑聲不斷的湖畔野餐

・城堡飯店優雅的房間

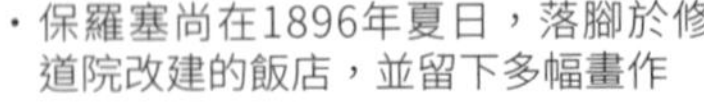

・保羅塞尚在1896年夏日，落腳於修道院改建的飯店，並留下多幅畫作

美食　冰淇淋 *Perriere*

位在小島宮斜對面的老字號人氣最旺，超過 30 種口味的冰沙、冰淇淋任君選擇，每一種口味都有支持者，每次帶團解說告一段落，團員最期待的就是這裡。

・上層哈密瓜下層蘭姆葡萄

美食　里昂客棧餐館 *Auberge du Lyonnais*

位在堤塢運河旁的米其林推薦餐館，在天晴暖和的季節，店家落地窗全部打開，內外空間流暢。除了螃蟹千層酥、魚豬牛，點了生蠔肯定要來杯白酒，既然都來到薩瓦地區，怎能錯過在地佳釀？

美食　莉絲奶奶家 *Chez Mamie Lise*

天天營業的餐館，離小島宮步行僅一分鐘，特別是在寒冷的冬日讓人倍覺溫馨，薩瓦地區的家常料理都可在此品嚐，乳酪火鍋、火烤乳酪、霍布洛雄乳酪焗烤馬鈴薯，鴨牛魚也各有所好，至於甜點盤有如畫布揮灑的美感。

・散發著阿爾卑斯鄉村風

美食　手作巧克力 *Meyer Le Chocolatier D'Annecy*

創建於 1985 年的在地巧克力店，Meyer 家族對巧克力的熱情已相傳第三代，每顆巧克力都親手製造，不含添加劑或防腐劑。我個人最愛的蘆葦利口酒巧克力條（Roseaux Liqueur），外型有如安錫湖畔的蘆葦。口味有三種：薩瓦白蘭地（Marc de Savoie）、苦艾酒（Génépi）與香橙干邑（Grand Marnier），值得讓味蕾來碰撞一下。

將巧克力加入鮮奶油的甘納許（GANACHE），有百里香、紫羅蘭、茉莉、玫瑰等口味；加入榛果或杏仁的夾心巧克力（PRALINE NOIR / LAIT），有黑巧克力或牛奶口味；特殊節日更有造型巧克力現身，如復活節母雞、蛋及聖誕老公公。

・Meyer巧克力誘人的櫥窗

・薩瓦白蘭地巧克力條

・蘆筍旁邊的朝鮮薊好滋味

美食　熟食店 *PAUVERT Traiteur*

帶團來安錫將近 30 年，PAUVERT 的家常口味總讓我念念不忘，新鮮、無色素、無添加物、無防腐劑，怎能錯過這傳承六代的老字號？店家的菜餚等級網羅午晚餐、野餐、婚宴、酒會，即使一人秤重外帶都不是問題，就如官網上所寫「歡迎推開貪吃之門」。

・法國人的色彩魅力與生俱來

購物

在安錫血拼既便利又暢快，大多數專櫃店家集中在 Rue Vaugelas、Rue Royale 這二條路上以及之間的區塊，一家接一家幾無中斷，與之交會的 Rue de la Poste 與 Rue des Glieres 也是鬧區，剛好當地飯店大都位在此區塊，讓人輕鬆一網打盡，就算只是 Window Shopping 也很過癮，法國的櫥窗不缺創意，更是視覺盛宴。

・色彩繽紛的貓頭鷹

・IBIS外牆不變但內部整修2次以上

就是要住這裡

幾乎三星連鎖飯店都在安錫落腳，NOVOTEL、Mercure、Best Western、IBIS、IBIS STYLE、Adagio、Campanil，各有優勢與鐵粉。房間大小以二人房為例，NOVOTEL 最寬敞，但房型是一大床＋沙發床，若好友要同住，需先講好一起睡，還是有人睡沙發床，以免上演翻臉劇情。房價以 Mercure 最高，自然品質也穩定。IBIS 與 IBIS STYLE，前者早餐吸引人，後者房間風格年輕化。Campanil 與 Adagio 的早餐相對普普。

Campanil、Mercure 離火車站最近，步行約五分鐘之內可以到達，但 Mercure 有好幾家，留意飯店全名以免跑錯。IBIS 在運河旁，拉行李步行約 8 分鐘，再往前多走一分鐘的斜對角是 IBIS STYLE。NOVOTEL 與 Adagio 都在鐵軌另一側，從站內月台搭電梯連接出去，還要再走 3-5 分鐘，若從火車站出來右轉步行約 5-7 分鐘。

安錫到聖傑維拉法葉

從安錫前往霞慕尼，通常會經過聖傑維拉法葉（St-Gervais-Le Fayet），不論是鐵道之旅或是開車暢遊，各有好玩之處，直達火車所需時間 90 多分鐘，開車走 A410 接 A40 約 70 分鐘。

火車

早上先在安錫市集採購午餐，除了烤雞、馬鈴薯、醃蒜頭橄欖，熟食攤的各種家常沙拉也可嘗試，特別是台灣較不常見的綠扁豆沙拉（Salade de Lentilles），在法國如果貧血，醫師不急著開藥，但會推薦綠扁豆食療。法國氣候乾燥，自然而然讓人想吃水果，夏天多汁的水蜜桃、甜桃物美價廉。我也很喜歡秋天的葡萄，帶著天然的水果香氣與剛剛好的甜度。

・車窗外一幕幕風景快速掠過

・火車讓我們與高山的距離是如此貼近

上車就座後，車窗外雖不是名山大勝，但視野逐漸開闊，近處是與火車相競速的鄉間公路，再過去是青翠草坡與牛群，偶有薩瓦民宅錯落其間，遠處是綿延不絕的山巒，就在火車上野餐的同時，也沉浸在暢意的田園風光，當鐵道一路緩緩爬升，沿途山頭地塊越來越有個性，此時也要準備下車了。下車後白朗峰快車的月台在對面，即使沒有電梯也無法阻攔我們一心奔向，此時行李肯定不重，還沒踏完最後一階，那紅白相間的車身漸入眼簾，薩瓦的紅是熱情奔放，如雪的白是平靜，兩者在一起正好平衡。

自駕

也是在市集把提袋裝好塞滿，上車之後很快上了國道飛馳，中後段偶與火車蜿蜒並行，基本上方向一致，沿途風光與搭火車也有雷同，但個頭比火車低了許多，視野就有了差別，沒有好與壞，沒有對與錯，只有不同的體驗。

自駕最大好處是看到心儀的景致可以任性，那怕只是路邊閃閃發亮的銀杏樹。副駕不好當，隨時要注意一閃即過的交通號誌與路況，還要協助駕駛，包括遞水、餵食、接各種票卡，拍照的指令一下，也得立馬放下手邊雜物，捕捉最佳角度，打雜最大獎賞就是副駕的視野，眼前讓人震撼的大景總是第一眼收下，心中的感動只有坐過的人才能明白。

自駕剛好順遊貢布盧，可在生態游泳湖畔的餐館午餐，或野餐後再來此下午茶，淡季時人少少，夠安靜沒人吵，360 度的山景陪伴好好靜心沉澱，清除世俗雜念，清新空氣注入活氧，細胞自然喜悅跟你說謝謝，嘴角揚起往霞慕尼前進。

・車窗外，湛藍天空下的茵茵綠草與山林。

霞慕尼 Chamonix-Mont-Blanc

在山城體驗朝飛暮卷的舒暢

霞慕尼是法國阿爾卑斯山最傳奇的一頁，曾是偏鄉貧脊之地，就在 1786 年 8 月 18 日兩位先鋒～巴卡醫師與巴勒瑪嚮導，首度攀登白朗峰成功，掀起歐洲登山運動的熱潮，皇室、貴族、大文豪莫不來朝聖，帶動小鎮及周邊谷地村落崛起，成為滑雪、健行及戶外活動勝地。

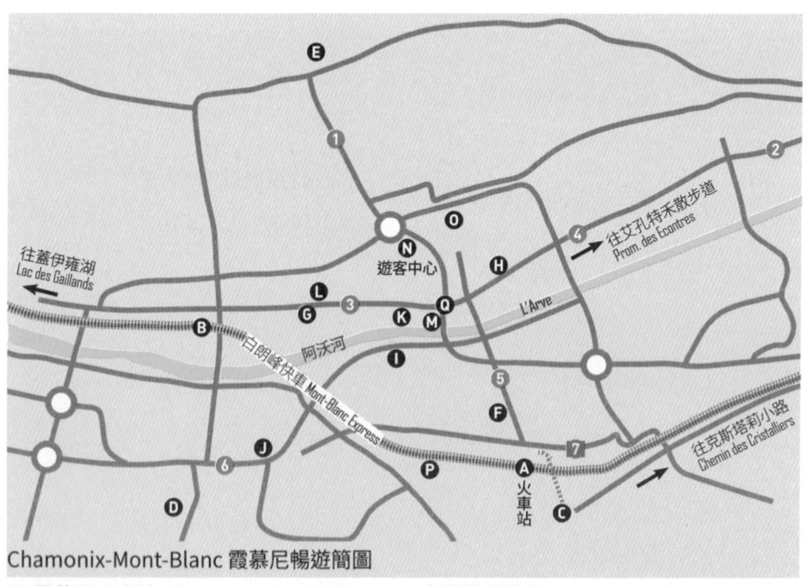

Chamonix-Mont-Blanc 霞慕尼暢遊簡圖

Ⓐ 霞慕尼火車站 Chamonix-Mont-Blanc Ⓑ 南針鋒停靠站 Chamonix Aiguille du Midi
Ⓒ 蒙頓威爾電車 Montenvers-Mer de Glace Ⓓ 南針峰纜車 Téléphérique de l'Aiguille

・秋日午后從鎮上看柏松冰河

du Midi Ⓔ 布黑萌峰纜車 Téléphérique du Brévent Ⓕ 超市 Ⓖ 超市 Ⓗ 超市 Ⓘ Le Monchu Ⓙ Le Jardin du Gouter Ⓚ 雪園 Ⓛ 茶館AUX PETITS GOURMANDS Ⓜ 郵局 Ⓝ 遊客中心 Ⓞ 聖米歇爾教堂 L'église Saint-Michel Ⓟ 阿洛柏盒停車場 P ALLOBROGES Ⓠ 巴勒馬廣場 Place Balmat ❶ Rue la Mollard ❷ 柏哈公路 Route des Praz ❸ 巴卡醫生路 Rue du Docteur Paccard ❹ 喬舍夫瓦洛路 Rue Joseph Vallot ❺ 米歇爾大街 Av. Michel Croz ❻ Rue du Lyret ❼ Impasse du Montenvers

・由火車站前方看白朗峰反而矮了一截

・霞慕尼的街道路牌與小鎮徽章

到底哪顆才是白朗峰

從市區抬頭仰望白朗峰，山頭渾圓完全沒個性，且因仰角錯覺矮了一截，許多人誤把海拔 4,304 公尺的古特圓頂山（Dôme du Goûter）當作白朗峰，搭纜車上到南針峰或布黑萌峰真相就大白了。

我是這樣玩 最明確的目標就是搭纜車上升 3842 公尺，親臨白朗峰，務必事先確認氣象預報，通常上午天氣最穩定，夏季在下午 3 點之前，冬季在下午 1 點之前都可上山，下山之後即可安心逛老街 shopping。若不搭纜車，最有 fu 的散步路線也不錯，帶團時我們會在此住上兩晚，偶遇細雨停歇山嵐纏繞，而隔天是晴空朗朗的好天氣。

・有充足的時間才能遇到秘境

景點　最佳角度看柏松冰河

亦動亦靜的萬年冰河看著人來車往，在鎮上柏松冰河總是形影不離，跟著我們的腳步移動，尤其最下端的冰河舌好似要捲起來，下列這幾個角度更是沒有阻礙一覽無遺：

面對霞慕尼國鐵火車站右側的 Mecure 飯店，旁邊的停車場（ALLOBROGES），除了寬闊的視野還可補捉列車進站，這條路也是步行到南針峰纜車站的捷徑。

・夕陽映照在柏松冰河

位於市區另一側的霞慕尼南針鋒停靠站（Chamonix Aiguille du Midi），一下車在月台就可看到冰河，還可將月台與紅白相間的快車一起納入鏡頭。

・一次將右邊火車左邊柏松冰河納入眼簾。

巴勒馬廣場（Place Balmat）是市區最熱鬧的地段，也是從火車站到巴卡醫生路的必經之地，在地質學家梭緒（H. B. de Saussure）與傑克的雕像手所遙指的遠方正是柏松冰河，而腳下阿沃河（L'Arve）滾滾冰河水，永不停歇朝日內瓦奔流而去。

・阿沃河、白朗峰與柏松冰河

聖米歇爾教堂（L'église Saint-Michel），也是歷史古蹟的天主教堂，最大特色是入口處的兩片彩繪玻璃窗，將登山與滑雪的主題容入信仰，教堂前的大廣場地勢稍高，可將整個南針峰、白朗峰及冰河全景收藏。

景點　最佳位置觀賞白朗峰

兩條經典的纜車路線，肯定是霞慕尼最引人之處，若停留時間有限，必需二選一的時候，可以參考如下：

選我選我

南針峰纜車（Aiguille du midi）	**布黑萌纜車**（Le Brévent）
√ 纜車首選 √ 無高山症挑戰 3,842 公尺觀景台 √ 喜歡熱鬧人多氛圍	√ 南針峰纜車停駛或維修期 √ 懼高症首選 √ 不愛人潮不湊熱鬧
√ 位在白朗峰下方，近距離目睹歐洲最高峰白朗峰的震撼	√ 位在南針峰正對面，以 2,525 公尺的高度，全纜白朗峰周邊稜線，此等壯麗豪情讓人怦然心動

・南針鋒纜車可承載75人，將遊客帶到九霄雲外。

・可先在第一站（針峰平台）適應高度

南針峰纜車 *Téléphérique de l'Aiguille du Midi*

第一段纜車短短 8 分鐘帶領人們從海拔 1,035 的市區，飛越山谷與綠色森林，直達 2,317 公尺的針峰平台（Plan de l'Aiguille），下車換第 2 段纜車，時速 45 公里，10 分鐘就躍升到 3,777 公尺的南針峰，下車走到戶外通過地表最高的懸空鐵橋，轉乘架設於萬年岩壁裡的電梯，隨即置身空氣稀薄的 3842 觀景台，興奮地面對面與白朗峰對話。

回首這艱鉅工程最早在 1924 年被實現，現行纜車則於 1954 年啟用，擁抱白朗峰不再只是少數登山客的夢想，若非當年那不服輸性格，哪有我們今日如此輕鬆實現。而通往義大利赫布羅納峰（Hellbronner）的全景纜車完工於 1955 年，至此南針峰纜車三段完整路線，前二段垂直落差高達 2,742 公尺，後者飛越冰河 20 分鐘，傲居阿爾卑斯山系，地表至今無人能及。

在北峰的三個平台與主峰的觀景台，有著不同面向的視野，讓我們盡情飽覽法義瑞邊界有如鬼斧神工的黑色稜線，接連 15~20 座 3、4,000 公里從地表隆起的巨大山脈，每座山峰都是獨一無二，從整排山勢險峻的針峰到雪白的巨人冰河（Glacier du Geant），目之所及都是大自然神奇力量展現，此時此刻，不禁讓人放下征服群山的傲慢想法，完全臣服於天地造物的偉業。

・嗨你好，我就是正港的白朗峰。

・白雪靄靄鋪蓋著峻嶺，渺小的人們唯有臣服。

懸空觀景台 *Pas dans le Vide*

位在主峰的懸空瞭望台，是由五面透明玻璃打造而成，換上專用鞋才能站在玻璃地板，沒有懼高症的人可往下直視 1000 公尺，怕怕又想嚐試者就將目光放在眼前的千山萬壑，這麼刺激的體驗肯定是大排長龍，特別是旅遊旺季請留意最後入場時間。

・體驗雙腳臨空的觀景台

・務必跟著Lac Bleu指標前進

領隊說這樣玩更安全

✓ 山區天氣變化莫測，若遇到低溫冷夏，帽子、脖圍、風衣及太陽眼鏡都是必備，冬天可備糖果、紅糖薑母茶與熱水瓶，務必著健走鞋預防扭傷。

✓ 先到第一站（針峰平台）適應高度，光是這裡就可以讓人一拍再拍，若之前已有高山症經驗，建議就在此逍遙遊，坐下來喝杯熱巧克力，看著纜車來回穿梭也是樂趣；有腳力的人可選擇藍湖（Lac Bleu）健行路線，僅於6/1~10/31開放，由此步行20~30分鐘，沿路偶有崎嶇，偶有平順，如同人生旅途，除了不斷向前行，也要坐下來看看風景，走到標高2,299公尺的藍湖，在這裡看不到一個垃圾，大自然的美，需要大家一起來維護。

✓ 在3,842動作都要放慢，若覺得頭暈、心跳加快，甚至嘔吐，大都是高山症現象，建議馬上搭纜車下山即可緩解，千里迢迢出門在外勿固執強求，健康安全第一，依規定3歲以上才可搭乘纜車。

・小巧的藍湖也是高山湖泊

布黑萌峰纜車

Téléphérique du Brévent

纜車最早建於 1928 年，隨著技術提升設備早已更新，隔著谷地與白朗峰相連的稜線對望，那壯闊的氣勢足以讓人放下塵俗，不需大排長龍，更無擁擠人潮。

纜車需分兩段搭乘，第一段是隨到隨搭的 4~6 人小纜車，在 2,000 公尺的博哈平台（Plan Praz）下車，這裡有 La Bergeri 餐館的露天座位，真的不需人擠人，即可悠悠哉哉享受傳統美食與眼前的山景，就算喝杯午茶的時間也好，真的別錯過了這美好時光。

・在霞慕尼火車站即可看到前方的布黑萌峰

・白朗峰的左右護法——塔庫白朗峰（Mont Blanc du Tacul）與古特圓頂山

・峰峰相連的氣闊，雪線以上終年積雪。

第二段的大纜車可乘載 60 人，在冬天也是滑雪纜車，一下子就橫跨到另顆 2,525 公尺的山頭，向下鳥瞰不僅山谷的房屋越顯渺小，就連柏松冰河也在雙腳之下了；Le Panoramique 半圓形露天座居高臨下，角度毫無阻礙實在過癮，天氣好時看到滑翔翼在群峰間遨遊、健行隊伍持著登山杖前行，瞭望台及望遠鏡莫不要遊客把這歐洲第一高峰看個清楚。

景點　最有fu的散步路線

克斯塔莉小路 *Chemin des Cristalliers*

有時團員也會跟我隨興晃晃，走著走著就發現新路線，散步路徑從SNCF火車站出來右轉，經過Impasse du Montenvers，再右轉進入小路就會接上，此時鐵軌在左手邊，右手邊有許多半木造房屋的民宿公寓或飯店，會鍾情於這條小徑，在於獨具魅力的阿爾卑斯式Chalet，每間民宅各具特色，感受主人用心維護與佈置，更我驚喜的是整片高山小花怒放，感謝老天爺這可遇不可求的好運，淳樸的鄉間氣息讓我們與大然有更深的連結。

・鄉間小路的路燈與周遭不違和

・好舒暢的鄉間景致

・深秋暖陽相伴的小徑漫步

艾孔特禾散步道 *Prom. des Econtres*

夏慕尼市區的喬舍夫瓦洛路（Rue Joseph Vallot）前段是熱鬧購物大街，後段接柏哈公路（Route des Praz）店家漸少，右手邊都是沿著阿沃河前進，途經好幾座小陸橋，擇一過河之後就來到艾孔特禾散步道，河變成了左手邊，輕鬆散步在樹林裡，沿途偶與德玉針峰（Les Drus）相視，不知不覺就走到柏哈（Les Praz de Chamonix），全程約 2 公里 40 分鐘。

蓋伊雍湖 *Lac des Gaillands*

從霞慕尼市區巴卡醫生路（Rue du Docteur Paccard）出發，約 30 多分鐘可達蓋伊雍湖，資料詳見 P. 137〈白朗峰快車蓋伊雍湖．如何前往〉。

・順著圖中箭頭從這個路口走到綠湖

景點　冰海 *Mer de Glace*

全長 7km 的冰海，可能是地球暖化的最佳見證之一，尤其是在異常炎熱的夏季，搭乘 20 分鐘蒙頓威爾電車，蜿蜒在森林之間，爬升到 1913 公尺，可能只看到一條看似不會流動的砂石河，僅有少許的冰雪覆蓋其上，沒有昔日冰海的磅礡氣勢了，務必要有心理準備。

若冬日雪季前來，被白愷愷冰雪覆蓋的冰河地形就很明顯，視野的盡頭就是阿爾卑斯山三大北壁之一的大喬拉斯峰北壁（Grandes Jorasses North Face）、時不時就會露臉的德玉針峰（Les Drus），與紅色電車常連袂出現在明信片上拼經濟。

・冰海與後方的大約拉斯北壁

美食 *Le Monchu*

開業超過半世紀，也是我帶團員到霞慕尼用餐頻率最高的餐館，和善的服務生、穩定的品質、有效率的上菜，並讓我們用分享的方式，嚐遍各種薩瓦料理，火烤乳酪（Raclette）、乳酪火鍋（Fondue）、霍布洛雄乳酪（Reblochon）焗烤馬鈴薯（Tartiflett），還有多種沙拉、麵食、主餐等等，重點是他們家有熱湯，這在冬天真的很重要。

別錯過非主流產區的薩瓦葡萄酒，有獨特的在地風土，除了紅白酒，有機會試試來自艾澤小鎮清爽的 AOC 氣泡白酒 (Vin Mousseux d'Ayze)。

・火烤乳酪一定要搭配薩瓦白酒

美食 *Le Jardin du Gouter*

想要安靜喝杯午茶，就來這吧，有著大片綠色草皮與泳池，簡單的糕點隨著季節變化，除了咖啡茶熱巧克力冰淇淋，還有西班牙水果酒（Sangria）。

・也是飯店附設的茶館

美食 *AUX PETITS GOURMANDS*

很難不被看見的茶藝沙龍，有著數十種法式甜點、麵包、巧克力，位在巴卡醫生路168號，走時尚路線的裝潢，座位多人也多，適合喜歡大家一起午茶的同好。

・本店櫥窗有著讓人垂延的點心

美食 雪園

當地有名的中餐館，合菜滿足亞洲味，湯麵更是冬天不可或缺，順帶一提，雪園隔壁的法式薯條沾美乃滋百吃不膩，香料熱紅酒驅寒。

・雪園解鄉愁

購物

登山健行等戶外衣物用品店，大都集中在米歇爾大街（Av. Michel Croz）、巴卡醫生路，每年 1 月及 7 月折扣期是掃貨的好藉口。

・瑞士品牌長毛象，他們家的登山健行鞋耐穿。

・穿梭在鎮上免費的驢子小巴（Le Mulet）

白朗峰快車 Mont-Blanc Express

霞慕尼谷地周邊許多村落值得駐足，讓我們搭上白朗峰快車，走過阿爾卑斯的四季，原來車窗外一幅幅的風景，正是一場又一場生命的輪迴與交替。

・白朗峰快車從柏松冰河下方通過

鼎鼎有名的白朗峰快車，以其耀眼的亮紅車身，輕盈有勁地奔馳在霞慕尼谷地（La Vallée de Chamonix），西起法國聖傑維拉法葉（St-Gervais-Le Fayet），東至瑞士馬提尼（Martigny），沿途經過 19 個村莊，全長將近 37 公里，帶著人們遠離塵囂。

與白朗峰快車初遇，那幾乎開到車頂的景觀窗與舒適座椅，打破登山火車給人克難的印象。火車起步後，左側窗外一幢幢民宅與遠處一座座大山競逐，直到從四層樓般的高架橋下通過，至此開始進入山區。在爬坡的同時發出ㄅㄨㄅㄨ鳴笛聲，沿途森林、石橋、河流、湖泊、村落、冰河、高山與谷地漸入眼簾，兩側車窗讓視野無盡延伸，隨著海拔節節高升心情也跟著雀躍，放眼望去 3、4,000 公尺的群峰相伴而行。

・夏日從綠湖飛馳而過

1908年開跑的白朗峰快車，最初只有一節車廂，隨著時代需求不斷升級，何其有幸讓我見證了這份用心，2006年新車加入陣容，車身加高、景觀窗加大、彩虹座位是亮點，到了2011年的加長版已是三節車廂，紅底灰點的時尚座椅符合人體工學，多層行李架更是貼心，登山火車可以這麼有質感真是讓人敬佩。

沿線火車站的設計也別具特色，除了霞慕尼大站稍具規模，其它火車站都很迷你，大都是木製的候車亭，沒有大廳沒有工作人員，用「停靠站」來形容會更恰當，也因如此，讓人一下車就直接走入大自然了。

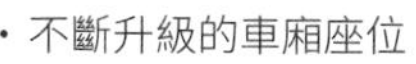

・不斷升級的車廂座位

・白朗峰快車為寧靜的冬日注入色彩

蓋伊雍湖 *Lac des Gaillands* 又名白朗峰之鏡

哇好美！常是初見綠湖的第一句話，綠湖是我給蓋伊雍湖（Lac des Gaillands）取的外號，緣自 28 年來幾乎年年造訪，不論周圍山景隨四季嬗遞更換彩妝，長年都是土耳其綠的湖面，與周圍的杉林構成一片絕美畫面。

晴朗夏日，高掛在綠湖對岸山腰白嚇嚇的柏松冰河，夾在翠綠山林間，好似要從山上朝著我們衝下來，造成視覺上的震撼！秋日林相陸續變裝，深淺不一的紅橙黃綠交錯著，閃耀的秋陽在枝葉之間位移，光影讓色彩更嫵媚動人，大地散發著豐碩的能量教人深深感動。相信嗎？在雪花飛揚來到這可能會找不到綠湖！那年湖面結冰被白雪覆蓋，在銀白天地之間綠湖居然變白啦！

・綠湖散發著迷人的氣息

・初冬湖面的倒影與結冰

・運氣好時可清楚看到白朗峰與柏松冰河

沿著湖畔漫步一圈約 45 分鐘，少有觀光客來此閒晃，所以這兒安靜得很，靠近馬路這側正是眺望柏松冰河的最佳角度，找張木椅坐下來靜靜感受，若正好有白朗峰快車停靠，那紅白相間的車身與晶瑩透綠的湖面形成動容的畫面，就算微雨時節撐著傘散散步也是不可多得的浪漫。

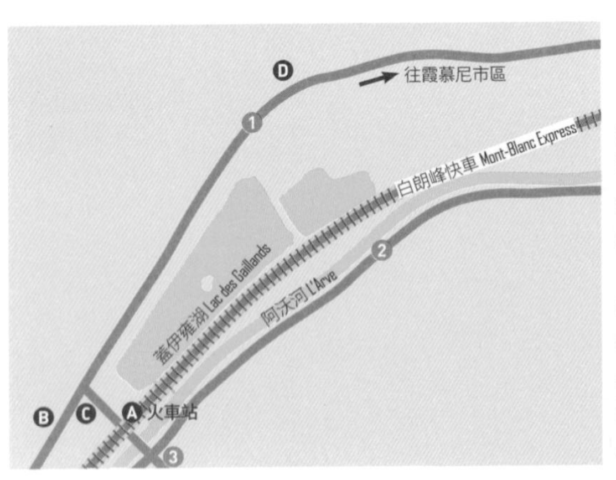

Lac des Gaillands
蓋伊雍湖漫遊簡圖

- Ⓐ 火車站Les Pélerins
- Ⓑ 小餐館 La Crémerie des Aiguilles
- Ⓒ 公車站
- Ⓓ 飯店 Le Vert Hôtel
- ❶ Route des Gaillands
- ❷ Route des Pélerins
- ❸ Prom. Marie Paradis

肚子餓餓時

在岩場旁邊的兩星飯店 Le Vert Hôtel（兼酒吧午茶），以及同側馬路在湖的另一頭，有家小餐館 La Crémerie des Aiguilles（簡易午餐，淡季晚餐視狀況），尤其冬天寒凍或需要應急時，一定要找個溫暖的店坐下來歇歇腳。

・小館門口有著萬聖節應景的南瓜

如何前往

綠湖位在蓓樂瀚(Les Pélerins)停靠站旁，下火車走到湖邊只需一分鐘。也可從霞慕尼市區散步過來，起點就在霞慕尼的巴卡醫生路(Rue du Docteur Paccard)與哈瓦內大道(Av. Ravanel le Rouge)的十字路口，由此開始直直行，遠離市區後，馬路兩側一幢幢半木造民宅映入眼簾，木屋的窗框大小、顏色不一，邊走邊欣賞，約 30 多分鐘綠湖就出現在左手邊，右側是著名的蓋伊雍岩壁（Le Rocher d'Escalade des Gaillands），時有蜘蛛人飛簷走壁。

・從霞慕尼市區走來沿途的民宅

・群峰與銀川冰河歷歷在目

柏哈 *Les-Praz-de-Chamonix*

當地人及火車站簡稱 Les Praz，從霞慕尼搭火車 2 分鐘，走路卻要 40 分鐘，小村落不似霞慕尼遊人如織，由民宅、雜貨鋪、煙草店、民宿組成的大街，要迷路都很難，前往拉弗列傑（La Flégère）的纜車就是由此出發，並延伸到安岱斯（Index），我很喜歡這裡，每每帶團最常進行下列兩種玩法。

小教堂賞景

從火車站步行過來約 5 分鐘，風塵樸樸的石造教堂佇立在公園內，夏有百花齊放的花圃、木椅、樹幹泉水池、草皮，適合野餐並欣賞教堂與擎天拔地的德玉針峰（Les Drus），每到 10 月下旬那灑落滿地的黃葉憑添幾許浪漫，至於冬季戀歌就在雪堆中傳唱著。石砌而成的小教堂，不知為何渡蜜月的團員們行旅至此，總想再次上演證婚記，有現成的團員們助興，不論是感人或搞笑，氣氛熱絡絕對滿點。

・小教堂與德玉針峰

・從火車站出來右轉，即可看到的飯店

同時，又喚醒曾帶過 11 月「特技團」那年的低溫，大夥逛沒多久開始趨近於失溫，趕緊進到溫暖的 TABAC 來杯熱巧克力，團員們喝下提神之後，個個熱情如火，居然想步行回霞慕尼，可憐的領隊怕被團員遺棄，只好押隊緊緊跟著，那天真的不冷，只是很「凍」而已，那種接近零度卻不下雪的溫度是最磨人的，根本是走在冷凍庫裡呀！

・落了滿地黃葉與電話亭

拉弗列傑 *La Flégère* 看銀川冰河，安岱斯 *Index*躺冰床

這條纜車路線分作 2 段進行，從柏哈搭纜車快速從高球場上方通過，短短幾分鐘上升到 1,877 公尺的拉弗列傑，下車後走到外面，即可看到谷地對岸的銀川冰河，很明顯年年消融中。同時也會看到 Index 纜車站，升降椅快速轉動中，只要將門票的條碼對到掃瞄器，就能推桿進來，隨到隨坐，開放式升降椅要手腳並用才能跟上，屁股一上座椅的同時，還要將頭頂上方的安全桿用雙手拉下來，全程雙手扶住桿子，此外沒有任何確保，然後就這

・6月的殘雪猶如一張冰床

・升降椅下山時面對銀川冰河

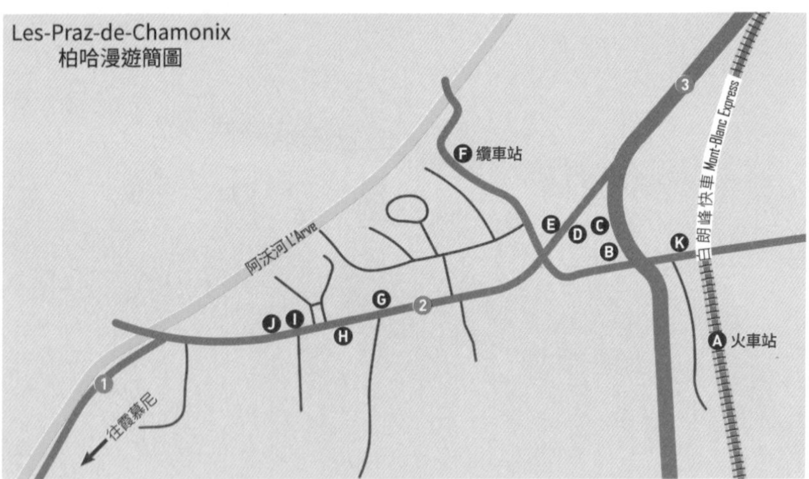

Ⓐ火車站Les-Praz-de-Chamonix Ⓑ柏哈小教堂Chapelle des Praz Ⓒ飯店Hôtel Le Castel Ⓓ公車站（往瓦洛辛尼） Ⓔ公車站（往霞慕尼） Ⓕ纜車站Station La Flégère Ⓖ雜貨店 Ⓗ菸草店TABAC Ⓘ飯店 Hôtel Les Lanchers Ⓙ公寓Apartment Maya Ⓚ飯店Eden Hôtel ❶艾孔特禾散步道 Prom. des Econtres ❷Route des Praz ❸Route des Tines

樣一路上升到 2595 公尺的 Index，上升途中安靜地只剩風聲。出站後往小平台走上去，7 月的 Index 仍可看到多處殘雪，至於 6 月積雪的範圍與厚度更大，從這裡更清楚眺望銀川冰河、德玉針峰、白朗峰與柏松冰河。

至於回程下山一路垂降 718 公尺，讓身為領隊的我裝作鎮定，談笑間轉移注意力，就是不要往正下方看，幾分鐘後就會安全抵達，只能說下車後雙腳著地的踏實感真好。

領隊小提醒

法國人從小開始滑雪，對升降椅習以為常，但對沒坐過的人來說，要多留意安全。在自助時對於沒把握的事，我會先看其他人如何進行，有了概念再做就會多一分保障。

肚子餓餓時＋睡哪兒 *Hôtel Le Castel*

位在小教堂後方的四星飯店是傳統 Chalet 建築，餐廳裝潢走時尚格調，露天座位有群山與冰河大景，在此用餐或午茶真的很棒，從柏哈火車站步行 5 分鐘，喜歡安靜的人可以此為宿，內部走現代歐風典雅路線，11 間豪華客房全年開放。

・窗外迷人的山景

白湖 *Lac Blanc* 高山湖泊健行

在霞慕尼谷地眾多山岳步道，白湖是熱門的大眾化路線，但也是要看老天爺給不給面子，因為法國位居溫帶，白湖海拔雖只有 2,352 公尺，但沿途都是碎石、岩塊或巨石懸崖，需待積雪融化才適合前往，而且當天要好天氣，沒必要冒風雨上山。

纜車＋健行是普遍走法，路線有兩條，都是從柏哈搭纜車到拉弗列傑（La Flégère），其一從這裡爬升到白湖，根據健行資料標示來回約 3 小時，但法國人步距大腳程快，建議把時間拉長，包含午餐時間，5 小時來回更輕鬆；其二從安岱斯（Index）走到白湖，因兩處高度相近，所需時間稍短。但都必備水、乾糧、帽子、太陽眼鏡、登山鞋及雨具，有護膝下山會更輕鬆。有心健走白湖一定要事先閱讀相關資料，或參加有經驗的團體，不適合隨

・乳白色的湖水與對岸鋸齒狀群峰

興就走，或盲目跟隨他人腳步，畢竟路況及高山氣候變化多端，務必注重安全。

白湖周圍所環伺的阿爾卑斯群峰，一個比一個有來頭，歐洲第一高白朗峰近在眼前，數條冰河開展，舉目所及都是大自然的傑作，頓時感覺自己十分緲小，看著多年前勇闖白湖的手記，峰峰相連的山景，至今依然收藏在心底～

2005 年 7 月 30 日下午 1 點，我們一行 32 個團員順利登上白湖，這條登山路線得在仲夏融雪後才能一睹手采，而我們真夠幸運，出發前日下午及當天清晨都下雨，但在整個爬山過程中，一滴雨都沒下，就連太陽也不熾熱，藍天白雲更是恰到好處，於是「白湖團」就這麼自然而然定名了。

・沿途指標清楚

・一步步往白湖前進

・不接近不餵食野生動物，並帶走垃圾。

・過了橋就進到銀川村內

銀川 *Argentière*（*1,252*公尺）是村名也是冰河名稱

這裡的地勢比霞慕尼高，再過去就是蒙特埡口（Col des Montes），想追雪的人可先來此碰碰運氣，而我與銀川正是初相遇在大雪紛飛的冬日，從火車站步行到村落，沿著河岸積雪前進，當時天地之間黑白一片，又冷又凍，但看著民宅裊裊升起的炊煙，心裡卻覺得暖暖，自我沉醉在冷冽無人聲的雪徑。直到多年後才在 Index 與團員們一睹銀川冰河面貌，夏日銀白的冰河在一片綠色山頭更顯耀眼。

瑞雪壟罩大地，就是喜歡這般寂靜無聲。

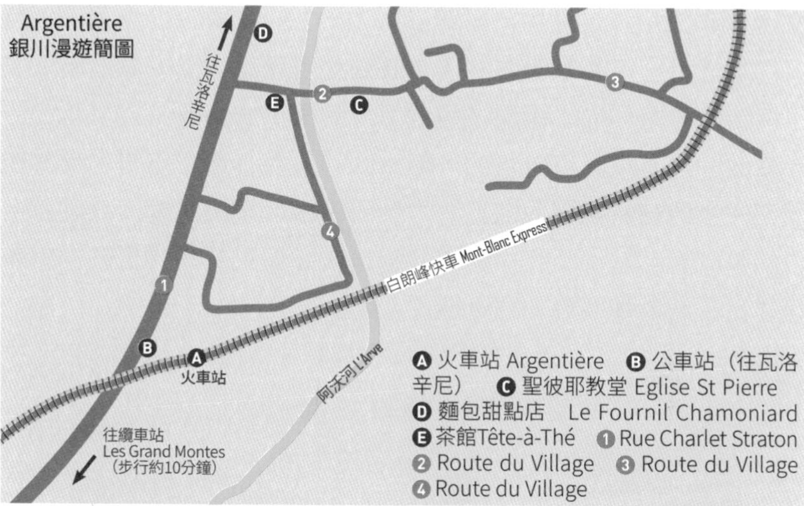
Argentière
銀川漫遊簡圖
往瓦洛辛尼
火車站
往纜車站
Les Grand Montes
（步行約10分鐘）
阿沃河 L'Arve
白朗峰快車 Mont-Blanc Express
A 火車站 Argentière
B 公車站（往瓦洛辛尼）
C 聖彼耶教堂 Eglise St Pierre
D 麵包甜點店 Le Fournil Chamoniard
E 茶館Tête-à-Thé
1 Rue Charlet Straton
2 Route du Village
3 Route du Village
4 Route du Village

・阿沃河畔的粉雪天地

來到銀川，冬天由此搭纜車到 Les Grand Montes 滑雪場，夏天則是健行；不喜歡登高的人，就到村子晃晃，從火車站出來過了阿沃河才是村莊，過橋後經過簡樸的羅馬式小教堂，以及石造小泉池，沒有景點沒有目的，但對味的人內心肯定雀躍，半木造薩瓦民宅的窗台與蕾絲窗簾，木製門、松球果與南瓜，散發著主人的美感與品味，旅行中的視覺養份未必侷限於知名景點，更多是從日常細節裡端倪一二。

・上：小泉水與半木造屋　下左：紅色的百頁木窗與白色的窗框
下右：球果是最好的引火材

蒙特山口 *Col des Montets*（*1,461*公尺）

位在銀川與瓦洛辛尼之間的山口，沒有火車行駛，唯有搭公車或開車才能經過，此處海拔是霞慕尼谷地最高點，常是最早下雪的地方，開車從銀川或瓦洛辛尼過來都是 5 分鐘，偶有行車路過，在寂寥無人聲的埡口，靜靜地看山脈稜線，正合我意。

・蒙特山口，一夜的鵝毛飛絮，揭開冰天雪地的序幕。

瓦洛辛尼 *Vallorcine*（*1,260*公尺）仲夏牛鈴響

我與瓦洛辛尼相遇的小故事

第一次來到這裡是在 1998 年 12 月隆冬，當時我帶著國小同學窩在白朗峰快車往瑞士前進，那年山區雪飄如絮，沿途山村紛紛著上銀白冬裝，耀眼而迷人，當火車快到瓦洛辛尼，窗外迷濛雪景實在太讓人心動，一時衝動拉著她的手飛奔而下，不畏風雪飄啊飄，一路亂走來到空谷跫音的村落，冷冽的空氣中腳底早已凍僵，但內心卻熱情如火鳥，於是我就這樣與瓦洛辛尼相遇了。日後這裡成了法國火車半自助團的祕密花園，20 多年來默默以感謝的心，與團員們分享這個私房景點。

瓦洛辛尼是個寬闊的山村，5~7 月是高山小花微笑的季節，

・7月常見色彩鮮豔的毛地黃（具毒性）

・春夏之交蒲公英綻放

10~11月有滿山深淺的黃葉，12月偶有瑞雪，除了大自然風光並無景點可言，非常適合來這放空、搞笑或野餐。初夏的瓦洛辛尼，展現著生命盎然的活力！一下火車就被遠方的牛鈴聲響所吸引，輕脆的叮叮噹噹，對放牧的主人而言是辨別牛群方式，出了遠門才不會走錯家門，對我們來說則是美妙的聲浪。

・蒲公英(Dent-de-Lion)其葉片形似獅子的牙齒，性寒具有清熱解毒功效的藥草, 法國常見將葉子放入沙拉。

村落慢走動線

過了遊客中心就是村子入口，左手邊是一片開滿了五顏六色小花的野地，每年來迎接的花兒都不同，可別強求非看到什麼花，老天給的就是最好的禮物。左轉順著村莊小徑瑀瑀前行，幾間民宅之中，會經過唯一的手工藝品小店，以巧思將樹枝、葉子、果實的大自然素材化身成手作品，若喜歡留下歐元就是你的了。

繼續往前走，會遇到用樹幹挖成的泉水池，此造型常出現在阿爾卑斯山村，水池右側的小徑可前進到小教堂，好喜歡徜徉在這第二片、第三片野地風光，教堂前可欣賞白朗峰快車飛馳而過的身影，由教堂順著斜坡轉下，會看到第四片野地，有時是整片白色茴香，繼續朝著村外走去，有方向感的人會發現正好繞村子一圈，看到 Vallorcine 的路標，也代表快回到剛剛村莊入口。

・樹幹泉水池

・村落唯一的小教堂

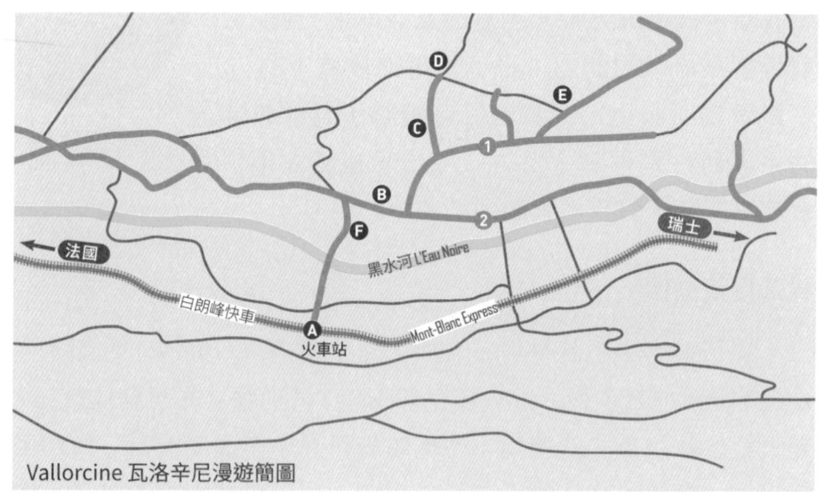

Ⓐ 瓦洛辛尼火車站 Ⓑ 遊客中心 Ⓒ 木製工作坊 Atelier Les Povottes Ⓓ 樹幹泉水池 Ⓔ 聖母升天教堂Église Notre-Dame-de-l'Assomption Ⓕ 飯店 ❶ 地區道路D210 ❷ 瓦萊州邊界路 Route des Confins du Valais

・六月小白花盛開

・冬天積雪半人高

溫馨提醒

村落都是居民住家，千萬別為了拍照而私入庭院踩踏草皮，或太興奮而喧嚷打擾，請讓瓦洛辛尼做自己，我們僅是短暫的過客。

肚子餓餓時

在霞慕尼採買法式棍狀麵包、生菜、肝醬、奶油塊做成「法式三明治」，加上櫻桃、水蜜桃、糕餅，就是豐盛的野餐，地點建議在教堂前的露天木椅，安全起見不建議在草地裡。

白朗峰齒軌電車 Tramway du Mont-Blanc

私鐵經營的 TMB，視覺與體驗不同於開往霞慕尼的白朗峰快車（Mont-Blanc Express），70 分鐘車程爬升近 1,800 公尺，全長 12.4 公里，沿途經過草原、森林、碎石坡，將旅人帶到全法國最高的電車站—鷹巢。這裡也是攀登白朗峰的經典路線起點，因地勢電車只能停在陡峭的坡道上，對鐵道迷來説更是口袋名單。

白朗峰
Mont Blanc
4807 m

南針峰
Aiguille du Midi
3842 m

畢歐納塞冰河
Glacier de Bionnassay

鷹巢 Nid d'Aigle 2380M

Bellevue 1794M

Col de Voza 1653M

Motivon 1400M

聖傑維 Saint-Gervais 792M

拉法葉 Le Fayet 580M

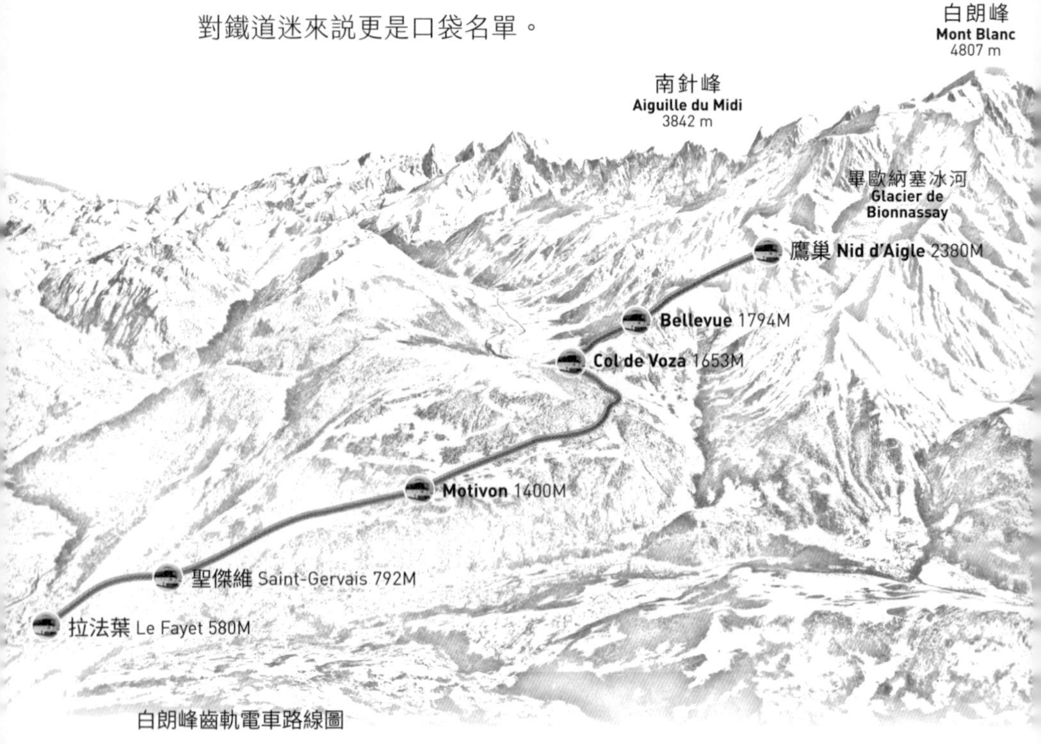

白朗峰齒軌電車路線圖

・鷹巢終點站，列車很有個性的傾斜停車。

・準備出發的珍妮號
有著酒紅車身

白朗峰齒軌電車（簡稱TMB）

TMB是由私人經營的白朗峰公司（Compagnie du Mont-Blanc）負責，旗下在霞慕尼谷地有多條纜車、升降椅及蒙頓威爾電車，本線最早建於1907年，直到1913年全線完工，並在1957年以電車取代蒸汽火車，沿線共有6個停靠站。67年來行駛在1000mm軌距的電車，緩步在市區與山區，來回穿梭在海拔580與2,380公尺之間。聖傑維 - 拉法葉（St Gervais-Le Fayet）是法國國鐵的站名，私鐵TMB的起站在拉法葉（Le Fayet），兩個火車站面對面，步行只需一分鐘。

我是這樣玩 玩法兩種，端看住宿點在哪裡？一是拉法葉到鷹巢來回，二是從拉法葉上到鷹巢，下山時搭電車到Bellevue，步行幾分鐘走到Bellevue纜車站，搭纜車下到霧許，再轉公車回霞慕尼。

景點 拉法葉 *Le Fayet*（*580*公尺）

為夏季電車的起站，這裡沒有所謂的月台，排隊上車處就位在背對售票亭右前方的軌道旁邊。自1957年以來至今，白朗峰電車的運行完全是由3輛女子兵擔當，墨藍色的瑪麗（Marie）、酒紅色的珍妮（Jeanne）以及綠色的安妮（Anne），是以當時負責人的三個女兒名字來命名，通常是兩節車箱，右邊座位可方便看到冰河與山景，火車緩緩開動了，軌道穿梭在小鎮的柏油路面。

景點 聖傑維 *Saint-Gervais*（*792*公尺）

來到更高處的聖傑維市區，這才是TMB電車的第一個車站，當地自 1806 年發現溫泉以來，數家溫泉水療也集中這一區域，不少遊客會從本站上車。電車繼續前進並經過許多民宅的前庭後院，盪鞦韆、晾衣架還有木材堆都讓人會心一笑。

景點 *Motivon*（*1,400*公尺）

電車一路緩慢爬升，隨著塵囂遠離視野逐漸開闊，來到名不見經傳的小山村 Motivon，此後開始進入森林。

景點 *Col-de-Voza*（*1,653*公尺）

寬敞的埡口可同時停靠兩台交會的電車，每當朗朗夏日，位在鐵支路旁的輕食小店出動露天座位，讓不趕路的旅人自在地喝杯咖啡，好好地欣賞終年積雪的畢歐納塞峰及冰河（Glacier-de-Bionnassay）；迷戀冬日雪景的人，這裡有溫泉飯店讓人放鬆，滑雪者剛好可連結 Les Houches 滑雪區，暢快地將南針峰（Aiguille du Midi）、Aiguilles Rouges、Chaîne des Fiz、Mont-Joly 及白朗峰以 360 度全景盡收眼底。

・鐵軌旁的露天座位讓人驚嘆

景點 ***Bellevue*（*1,794*公尺）**

有著綠草如茵的草坡與高山小花綻放，下車後由此可步行到海拔 1,800 公尺的纜車站，直接下到霧許（Les Houches），可搭公車轉進霞慕尼，但在雪季電車只會行駛到本站。

・指標的後方就是冰河

・登健行者往霧許纜車站前進，背後是墨藍色的瑪麗號。

景點 **鷹巢 *Nid d'Aigle*（*2,380*公尺）**

通過 Bellevue 之後佈滿碎石坡，最後這段幾乎上升 600 公尺，前半段偶爾可見登山客身影，後半段沿著萬年岩壁腰繞，眼前的冰河越來越近。回望來時路才驚覺靠齒輪帶動的電車，在群峰之間顯得好渺小，更讓人感受到如此艱鉅工程，是多少沒沒無名的英雄成就而來，而我們何其有幸，只要上車就能輕鬆登高，飽覽視野遼闊的山景，就在感懷之際，車廂瞬間暗了下來，突地一出山洞竟來個 15 度傾斜再嘎然而止，到了嗎，哦！下車的旅者莫不驚奇，這款火車終點站也未免太有個性了啦。

下了電車再往上爬 25 分鐘，才能延伸到畢歐納塞冰河旁的

・TMB電車在群峰之間顯得如此渺小

・走走停停看看遼闊山谷

・山屋附設簡易餐館跟露天café

觀景台，剛開始大片的碎石坡看起來挺嚇人，但因路徑寬闊其實安全，陡上的碎石坡慢慢走比較不喘，上坡之後山路漸緩卻也縮窄，不久即到山屋（Refuge du Nid d'Aigle）可觀景或用簡餐，這裡離冰河近在咫尺，帶團時我們就到此為止。

交通

私人經營的鐵道路線，所以無法使用法國火車通行證，必須另外購票。夏季終點站 Nid d'Aigle 因遊客眾多，下車後先到售票亭拿牌子（方便統計人數），建議至少停留 2 小時。

貢布盧 Combloux

有巴黎第 21 區美譽的梅傑夫（Megève），是滑雪天堂與阿爾卑斯精品一級戰區，然在此我想分享的低調山城，是與梅傑夫相隔 4.6 公里的貢布盧～有著 180 度白朗峰全景的視野，法國大文豪雨果以獨到眼光形容「阿爾卑斯冰川上的明珠」。

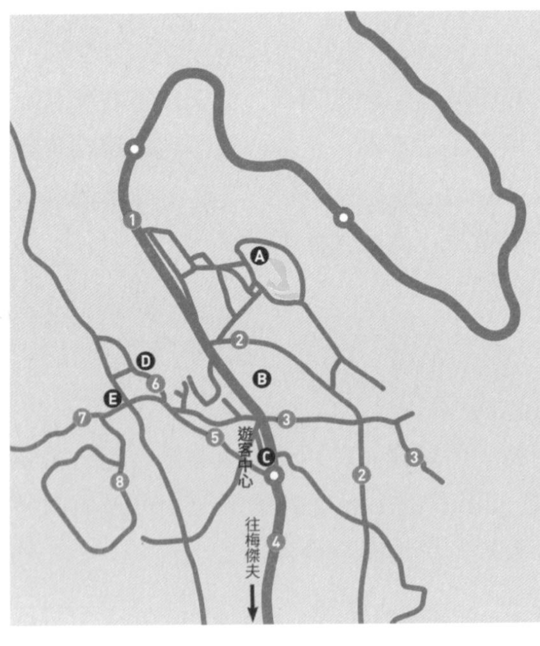

Combloux
貢布盧暢遊簡圖

- Ⓐ 生態游泳湖 Waterhole Biotope
- Ⓑ 超市Le Petit Casino
- Ⓒ 遊客中心
- Ⓓ 聖尼古拉教堂 Eglise St Nicolas
- Ⓔ 薩瓦角落餐館飯店 Le Coin Savoyard

- ❶ 薩朗許路 Rte. de Sallanches
- ❷ Rte. de Prairy
- ❸ Chem. de la Promenade
- ❹ Rte. de Megève
- ❺ Rte. sur Basseville
- ❻ Rte. de l'Église
- ❼ Rte. de la Cry Cuchet
- ❽ Chem. du Barratti

・用雙腳親自體驗貢布盧的美

我是這樣玩 公車從聖傑維拉法葉（St Gervais-Le Fayet）沿著山路上來，我以薩朗許路（Rte. de Sallanches）一分為二，右上方為村落中心及聖尼古拉教堂，左下方為住宅區及生態湖，至於遊客中心、加油站、公車站、部分餐館、飯店則在這條大路上。

有「白朗峰珍珠」美譽的貢布盧是個高山小村，若是晴朗無雲之際，將可以看到白朗峰在眼前開展。村落裡隨坡起伏的綠草如茵、小徑蜿蜒，舉目所及點綴著阿爾卑斯式高山木屋，春夏有高山小花隨風遙曳，秋日林相由綠蛻變為閃黃，寒冬時節玉琢銀裝，這讓人目酣神醉的景致總是看不膩，更是適合漫步、發呆的所在。

・貢布盧是名副其實的山城，有著360度的群山環伺。

・圍繞著生態游泳湖的籬笆旁，秋日花草蔓蔓。

我與貢布盧相遇的小故事

第一次看到貢布盧的名稱是在一張明信片，積雪的畫面讓我印象深刻，後來在1990年帶團時，火車剛好停在莎隆許-貢布盧-梅傑夫（Gare de Sallanches-Combloux-Megève），此時我抬頭望向月台，正好與Combloux的站名對上眼，立刻與明信片有了連結，那次回程因多了4個小時的空檔，在團員一致同意下，我們一起搭20分鐘的公車來到這裡，幸運的是沒想到山上積雪了，短短幾個小時的停留，讓我愛上了這裡，心裡想著一定還要帶團回來這裡，此後真的帶著團員走過村落的春夏秋冬……

景點 生態游泳湖 *Lac Biotope*

法國第一個生態泳「湖」於 2002 年張開雙臂迎接人們到來，完全無氯添加，而是以超過 10,000 種的水生植物作為天然的過濾系統，游泳湖角落的水生植物同時兼具觀賞與淨化水質的功用，而水溫則是由天然ㄟ陽光加熱，夏季大致維持在 19~26 度之間，整體運作仰賴大自然共生的力量，不僅環保低碳，水質更是清澈純淨，同時還擁有 360 度山脈景觀。為了維護良好戲水品質，每日限制 700 人入場，不接受電話預訂，僅透過遊客中心預約，最慢在當日早上 10 點 45 分之前完成，內部有陽傘與躺椅可出租（需付押金），湖畔餐館提供簡餐，亦可在池畔野餐（僅限鋪設的浴巾之內）。

・生態游泳湖與無價的白朗峰倒影

・積雪的貢布盧徒留黑與白

景點　散步小徑 *Chem. de la Promenade*

似乎只有當地人才會進來晃晃的區塊，完全沒有任何景點，當我帶著團員憑著天生的雷達跟著柏油路前進，偶爾經過幾戶各自獨立的民宅，讓我們保持距離靜默欣賞，傳統半木造石屋與這片土地渾然合一的美感，步伐之間透過眼耳鼻感受山間氣息與純淨的空氣，身心放鬆讓喜悅滋養細胞律動，此時頭腦不再想東想西，只專注於眼前的當下～哇，好美！

白朗峰群山 180 度的視野就在眼前，毫無保留全然給予，同時也應證古人所言「橫看成嶺側成峰，遠近高低各不同」，同樣是白朗峰，因所在位置不同，呈現出來的面貌也不同於霞慕尼市區或海拔 2,525 公尺布黑萌纜車站的角度。

・薩瓦風格的教堂屋簷微微翹起

景點 聖尼古拉教堂 *Eglise St Nicolas*

在 17、18 世紀，薩瓦地區的教堂有著自己獨樹一幟的巴洛克樣式～簡樸外觀，球莖狀鐘樓以及內部華麗的祭壇，當時大主教弗朗索瓦德薩雷（François de Sales）推動反宗教改革，薩瓦地區的天主教蓋了許多這樣的教堂以示支持。

1701 年重建於前教堂原址的聖尼古拉教堂，正是此時期代表，特別動用來自義大利北部，皮耶蒙特地區的賽西亞谷地的泥匠、石匠協力完成，因當地盛產花崗岩，正好運用在教堂的大門，高 45 公尺的鐘樓是由大小不一的石塊堆疊而成，在革命期間被摧毀，而後在 1829 年重建，延續一貫薩瓦路線，教堂內部 18 世紀木製的主祭壇，被金碧輝煌的雕刻與宗教繪畫填滿，展現反新教的熱情。

從貢布盧到康塔米訥蒙爪（Contamines-Montjoie），有一條長達 20 公里的巴洛克步道（Le Sentier du Baroque），行經 10 座同時期的巴洛克式教堂、禮拜堂，對天主教巴洛克藝術有興趣的人，可以到遊客中心進一步詢問交通方式。

・很開心薩瓦角落走過疫情考驗，還在。

景點　薩瓦角落餐館飯店 *Le Coin Savoyard*

已有 200 年的歷史，最初是農場，後來成為村內的小酒館，今日則是提供住宿的三星飯店，附設的餐館則提供道地的薩瓦料理。

景點　散步小徑 *Chem. du Barratti*

由餐館大門口前方的柏油路斜坡往上走，左手邊第一條路（Chem. du Barratti）左轉，緩緩而上，漸漸看到許多散落的民宅，走到這裡因地勢稍高，視野逐漸開展，白朗峰 180 度全景再現眼前，並可欣賞聖尼古拉教堂及群峰圍繞。

・生態泳湖畔的餐館擁有無可取代的白朗峰視野

交通

自駕　從霞慕尼開車過來約 40 分鐘，安錫約 110 分鐘。

火車　在莎隆許 - 貢布盧 - 梅傑夫（Gare de Sallanches -Combloux-Megève）下車後，搭乘 Y83 公車約 15 分鐘抵達，或在聖傑維 - 拉法葉（St Gervais -Le Fayet）下車轉乘 Y82 公車上山約 25 分鐘。

柏希德溫泉 Brides Les Bains

以瘦身為主題的溫泉水療

人口僅 500 多人的柏希德溫泉，距瓦娜茲國家公園僅隔數公里，正好在全世界最大滑雪場～三山谷（Les Trois Vallées）山腳下，每年 12 月到 3 月是熱鬧雪季，5 到 10 月則以溫泉、健身、健行為主軸，4 及 11 月是忙碌整年之後的休耕，多數的餐旅業也趁此維修保養。

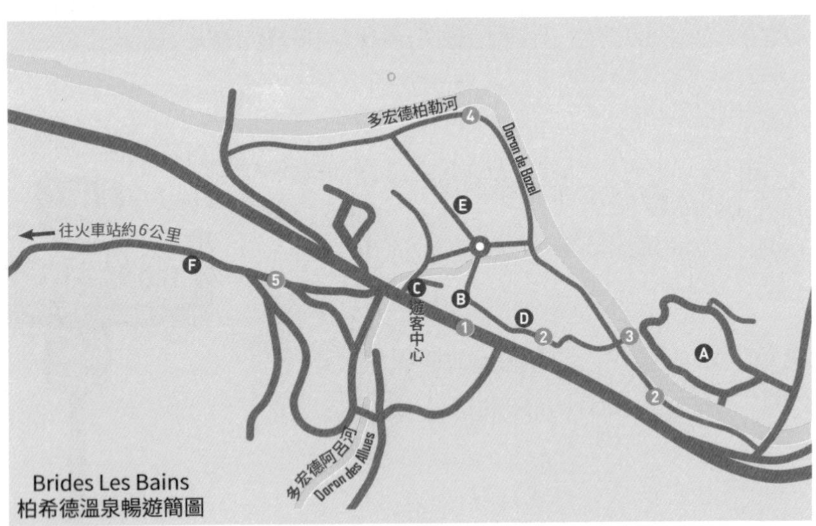

Ⓐ 溫泉公園 Parc Thermal　Ⓑ 賭場　Ⓒ 遊客中心　Ⓓ 溫泉大飯店 Grand Hôtel des Thermes　Ⓔ Le Grand Spa Thermal　Ⓕ Golf飯店　① 艾米勒瑪榭街 Rue Emile Machet　② All. de la Source　③ Pont de la Source　④ Prom. des Dorons　⑤ Chem. Claude Marie Martin

・越過多宏德柏勒河就是溫泉公園

溫泉水療的起源

從鄰近幾個村落如莎蘭溫泉（Salins-les-Thermes），樂比泉水（Fontaine-le-Puits），噴泉林等地名得知，這片土地蘊藏好泉好水好溫泉。在柏希德村落有二條河流經市區，細小的多宏德阿呂河（Doron des Allues）與寬大的多宏德柏勒河（Doron de Bozel），前者看似小水溝不起眼，卻是源自國家公園的傑布拉冰河（Gébroulaz），後者自 1818 年來多次造成淤積氾濫、土石流，因而意外發現具有療效的溫泉，尤其是減緩風濕疼痛，是法國最早以瘦身為主題的溫泉療法。

・各種跟溫泉有關的明信片

・170多年歷史的溫泉大飯店

1839 年柏希德與鄰近村莊 Les Bains、La Saulce 合併為 Brides Les Bains，1845 年第一間複合溫泉中心開幕，即今日的溫泉大飯店（Grand Hôtel des Thermes），普法戰爭結束，溫泉療法備受重視，西班牙女王伊莎貝拉二世等歐洲皇室貴族慕名而來，飯店在 1930 年代以裝飾風格重新打造優雅路線，並於 2015 年重新裝修國際水療品牌 Cinq Mondes SPA。此外，位在遊客中心後方的 Le Grand Spa Thermal，標榜全新打造 600 平方公尺的水療空間，結合當地溫泉進行護理療程，並採用法國保養品牌 Sothys 為臉部肌膚注入活力。

我是這樣玩 12 天以上的自駕建議安排「休息天」，讓身體鬆、頭腦空，不再追逐景點，不用找餐館，按下暫停鍵，純粹跟自己在一起，那麼這裡很適合扮演「休息天」的角色，艾米勒瑪榭街（Rue Emile Machet）包吃包住，甩掉地圖不怕迷路，不想出門就在本書推薦的飯店解決，從房間推窗即見國家公園的大山為你敞開。

・好水質孕育色彩飽滿的花朵

景點 溫泉公園
Parc Thermal

面對大街的溫泉大飯店從右側小徑切入，再走過小鐵橋就是溫泉公園。不同於台灣，這裡並沒有任何泡湯設施，但免費提供喝的溫泉，開放式永不停歇的水龍頭，用雙手承接這杯純淨之水，從口而入滋養細胞，何其有幸大自然給予的珍貴好水，請勿熊飲，坐下來慢慢喝，欣賞眼前靚麗的花草青山；剛剛走過的鐵橋下方是多宏德柏勒河，源源不絕充滿生命力奔流，晶瑩潤透的碧綠水波與萬年石頭激盪無數水花，空氣中飄浮著肉眼看不見的負離子，透過皮膚及呼吸進入體內，舒暢的心及揚起的嘴角就是最好的證明，讓我們用感謝的心收下這份禮物。

・34度的Hybord泉水可調節肝功能，限量飲用。

・沒有開關的冷泉（La Source Leray）任君飲用

・房間窗外可見瓦娜茲國家公園海拔3,398公尺的大貝克山

就是要住這裡

Golf飯店

建於 1920 年代散發著優雅的裝飾藝術風格（Art Déco），面向市區的客房正好可看到大貝克山（Grand Bec）。飯店本身也有 SPA 中心及餐廳，入住這天正好是團員生日，貼心的餐廳臨時為團員準備了驚喜，而本團成員至少已跟團二次以上，在 Party 女王婇姐的帶動，與美姿美儀文莉老師的彩妝打扮，美魔女面具與男扮女裝的 Dress Code 只用 20 分鐘達標，我們在淡季卻滿座的餐廳成為亮點，旅客、侍者莫不投以微笑相視，或許也撩起他們的 Cosplay 魂！道道精彩的料理、美酒、歡樂聲，為大家留下難忘的旅行印記。飯店位置地勢偏高，但有戶外電梯直通下方街道。

・臨時起意的簡單裝扮也能Cosplay

交通

自駕　距離尚貝里 60 分鐘，安錫 90 分鐘，里昂 150 分鐘。

火車　柏希德溫泉 SNCF 火車站全名（Moûtiers-Salins-Brides-Les-Bains），也就是說火車只開到慕提耶（Moûtiers），下車後以計程車接駁最方便，車程約 20 分鐘。

領隊視角

1992 年因阿勒貝城（Albertville）舉辦冬奧，鄰近的柏希德溫泉也成為奧運村，並在村內建造奧林匹克纜車電梯（Olympe Gondola），只需 30 分鐘即可直通美麗貝爾，間接與三山谷共為一體，更加帶動當地觀光發展。滑雪在法國是老少皆宜的國民運動，滑雪旺季房價高漲，當地消費更是高得嚇人，時尚高檔飯店、米其林星級餐廳比比皆是，尤以固雪維爾手掘一指，美麗貝爾位居第二，精打細算的旅人可落腳柏希德溫泉，在激烈滑雪後接著以溫泉水療放鬆身心。

美麗貝爾 Méribel

高山滑雪、越野滑雪的天堂

成立於1963年的瓦娜茲國家公園（Parc National de la Vanoise），是法國第一個國家公園，享譽世界的三山谷滑雪場，座落在國家公園西側，由八個滑雪場組成，合計600公里的滑雪道及180座滑雪纜車，名列世界第一當之無愧。每逢夏季，這些高山村落被山谷阻隔，交通費時；一到雪季，無數滑雪道彼此串聯。身在台灣的我們，很難想像只要踩在滑雪板上，就能舉步如飛，探尋這些各踞山頭的村落。

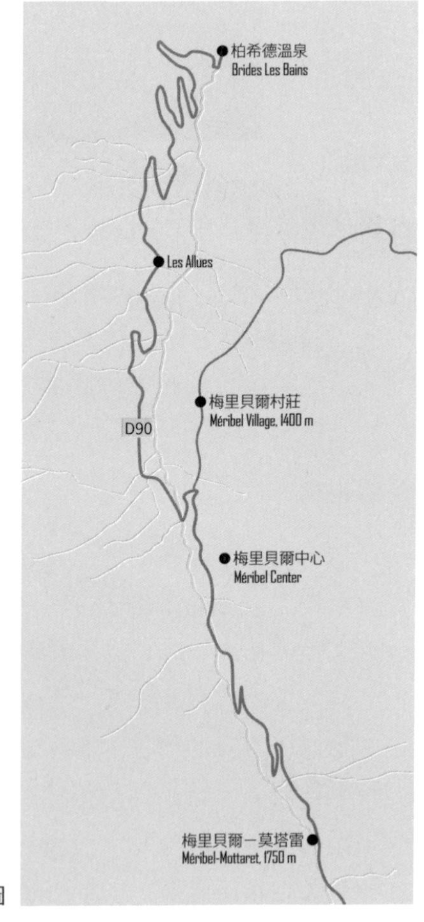

Méribel 美麗貝爾地區簡圖

・4月下旬山坡上仍有白雪覆蓋，
惟空城也。

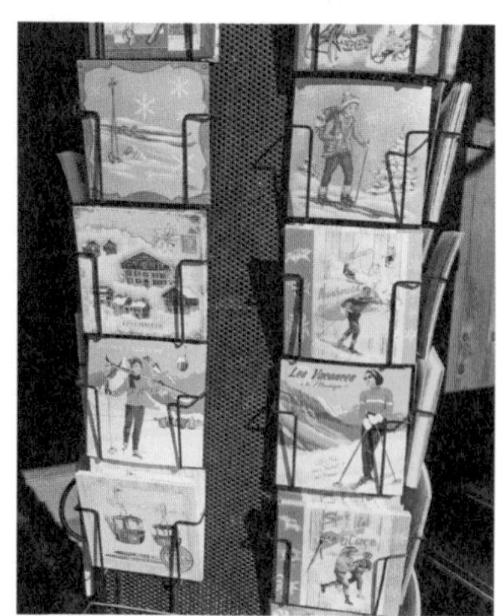

・明信片的主題都是滑雪

三山谷由西往東分別是標高1,850公尺的固雪維爾（Courchevel），中間是1,450公尺的美麗貝爾（Méribel），再來是2,300公尺的多宏谷（Val Thorens）。地勢最低的美麗貝爾，是個因滑雪而誕生的新興小鎮，1936年來自蘇格蘭的彼得林賽為了找尋不被納粹波及的滑雪場地，開發了位在Allues村更上方的美麗貝爾，二戰結束加快興建腳步，以石頭與原木打造成一幢幢薩瓦風格的建築，成功打造滑雪渡假飯店，今日的美麗貝爾已不再是單一村莊，因山區腹地有限，由低海拔向上擴展，善用免費巴士即可穿梭各村莊：

景點　梅里貝爾村莊 *Méribel Village*

標高1,400公尺，最初始的村落，除了滑雪住宿的半木造石屋（Chalet），也有餐館酒吧、超市、汽修廠等。

景點　梅里貝爾中心 *Méribel Center*

沿著之字形道路發展的鬧區，衣食住行應有盡有，遊客中心、郵局、藥房、體育用品店、服飾、超市、洗衣店，以及奧林匹克公園（PARK MERIBEL OLYMPIC），內有健身房、泳池、攀岩場、溜冰場、保齡球、水療等等。

・梅里貝爾最熱鬧地帶

景點　梅里貝爾—莫塔雷 *Méribel-Mottaret*

標高 1,750 公尺，直到 70 年代才開發的渡假勝地，飯店與公寓式住宿（Residence）大都位在滑雪道周邊，幾乎步行可達，設備完善如遊客中心、餐館、電影院、滑雪學校、兒童俱樂部等。

・以電梯連接各個斜坡

坦-艾咪達吉 Tain-l'Hermitage

隆河左岸・葡萄園起源地

對不熟紅酒的人來說很陌生，但這裡可是法國葡萄酒AOC第二大產區——隆河谷地（La Vallée du Rhône）最知名的Hermitage酒區，佔地160多公頃的梯田式葡萄園，地形陡峭、陽光充沛及花崗岩風土形成本區佳釀的特性，自西元一世紀羅馬人來到高盧，就已在此種植釀酒，是法國最早的紅酒產區。（圖為Tain-l'Hermitage村徽，該地於12世紀為維恩納・多芬 Viennois Dauphins 的封地）

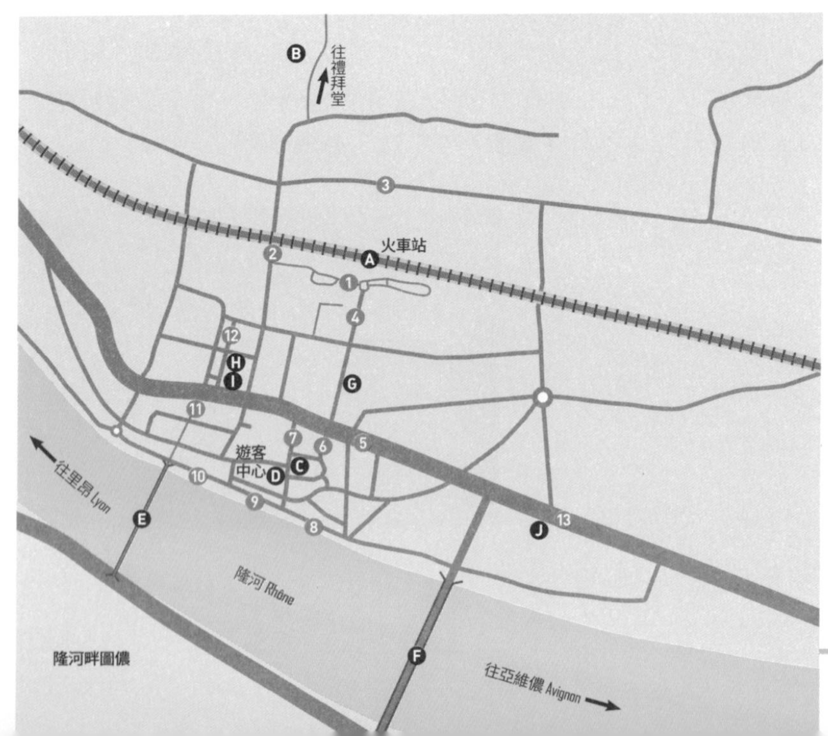

隆河畔圖儂

・火車站月台緊貼著知名的葡萄園

我是這樣玩 在天氣良好及腿力允許之下，登上山丘的小教堂，享受北隆河居高臨下的無價視野，下山後再穿越舊市區的聖母升天教堂及遊客中心，來到隆河畔散散步，晚餐點一杯 Hermitage 或 Crozes-Hermitage 葡萄酒，感受小鎮的座右銘——坦鎮好，釀好酒「A BON TAING, BON VIN」。

Tain-l'Hermitage 坦-艾咪達吉暢遊簡圖

Ⓐ 火車站 Ⓑ 聖克里斯多福禮拜堂Chapelle St. Christophe Ⓒ 聖母升天教堂L'église Notre-Dame de l'Assomption Ⓓ 遊客中心 Ⓔ 馬克賽剛橋Passerelle Marc Seguin Ⓕ 古斯塔夫・圖西耶橋Pont Gustave Toursier Ⓖ 飯店Le Castel Ⓗ Vineum (Paul Jaboulet Aîné) Ⓘ 餐館Restaurant Le Quai Ⓙ 法芙娜巧克力世界Cite du Chocolat Valrhona ① Rue Élie Reynaud ② Rue de l'Hermitage ③ Chemin de l'Hermitage ④ Avenue Dr. Paul Durand ⑤ Av. Jean Jaurès ⑥ Rue de l'Église ⑦ Pl. de l'Église ⑧ Quai de la Bâtie ⑨ Quai Defer ⑩ Quai Marc Seguin ⑪ Rue Joseph Peala ⑫ Pl. du Taurobole ⑬ Av. du Président Roosevelt

景點　聖克里斯多福禮拜堂 *Chapelle St. Christophe*

位在火車站後方山坡上的聖克里斯多夫小教堂，居高臨下清楚眺望整個隆河谷地，包含坦鎮跟對岸的圖儂，帶著團員登高這天是晴朗的人間四月天，腳下踩著無數先人踏過的碎石子路，不緩不陡，所以每隔一段距離就可以停下腳步，回首視野漸開闊的隆河谷地，隨著坡度起伏的葡萄園，經過秋日採收度過寒冬，翠玉般的嫩芽從棕黑色枝幹冒了出來，沿途還有虞美人等花影隨風搖曳。看到酒莊的標示，切記！千萬不可私自走入葡萄園裡，以免引起不必要的誤會。

抵達山頂即可看到石造的小禮拜堂鎮座山頭，守護整片葡萄園，今日所見的小教堂是建於 1864 年，獻給旅行者的守護神～聖克里斯多夫，根據史料傳說，前身為供奉大力士的神廟遺址，

・從小教堂往普羅望斯方向看去

・左頁圖：聖克里斯多福禮拜堂曾於1980年再度修復

1224 年史坦堡騎士（Henri-Gaspard de Sterimberg）從十字軍東征退隱至此，開始種植希拉（Syrah）品種的葡萄，並釀酒供應朝聖者飲用，此後帶動北隆河葡萄酒產區的發展；1919 年山坡的葡萄園及小教堂都被當地嘉布雷（Jaboulet）家族買下，並以 La Chapelle 做為酒標，成為該區最據代表性的佳釀，2006 年已由 Frey 家族接手經營。

步行路線 從火車站出來右轉走到底，來到 T 字型路口再右轉，穿過鐵道下涵洞，再越過 Chemin de l'Hermitage 馬路，即可看到葡萄園山坡，此後沿著腰繞小徑往上爬，約 40 分鐘可達小教堂，回程循原路下山，所謂上山容易下山難，留意腳下碎石以免滑倒。

・步行路線

海豚（Dauphin）

為什麼法國王儲的封號叫做「海豚」？

在 1110 年阿勒邦伯爵（Comté d'Albon）吉格四世，開始自稱為海豚（Dauphin），徽章與旗幟都可看到海豚的圖案，到了 1142 年他的兒子吉格五世（Guigues V）則將 Comté 的頭銜以 Dauphin 來代替，此後整整用了 200 年。1349 年末代子孫安培二世（DAUPHIN HUMBERT II）因無後繼者，因此他把領地賣給法國國王菲利浦六世，但附帶條件是只能做為王儲領地，並享有免稅與自治權，此後海豚＝皇太子＝王儲的稱號，在法國一直沿用到 1830 年，整整 447 年（拿破崙帝國除外）。外號幸運王的菲利浦六世，是瓦盧瓦王朝的第一個國王，他的兒子已有封地，為了避嫌，所以他將領地封給孫子，也就是後來的查理五世，因此他就成為法國第一任「海豚」。

・象徵皇室的百合與王儲的海豚圖案

・教堂正面可見大小不一的碎石與切割的石塊，分屬不同年代。

・查理五世與波旁的珍妮公主的雕像

景點 聖母升天教堂
L'église Notre-Dame de l'Assomption

旅行時，我會留意每個城鎮的徽章（路牌上就有），可以從中讀出小鎮的特色或歷史，坦鎮是兩串葡萄及一隻海豚，前者馬上可理解，後者卻讓人搞不懂？原來「海豚」是法國皇室王儲的頭銜，當年第一任王儲是在 1364 年登基，綽號英明王的查理五世（Charles V），1350 年 4 月 8 日他與波旁的珍妮公主（Jeanne de Bourbon）的婚禮，就在這個教堂舉辦，然而歷經宗教戰爭與大革命的壞敗，目前所見是重建於 1838 年的教堂與 1865 年的鐘樓，教堂大門口左前方立下石雕與碑文，成為這段歷史的見證。

景點 馬克賽剛橋 *Passerelle Marc Seguin*

遊客中心後方就是隆河畔散步道，可看到二座橋梁橫跨隆河連接到對岸的圖儂，左邊是古斯塔夫・圖西耶橋（Pont Gustave Toursier），右邊行人專用的馬克賽剛橋，由同名法國工程師設計，完工於 1825 年，是法國第一座電纜吊橋。在橋上如果巧遇從北方吹來的密斯特拉風，趕緊把帽子顧好，站在橋上右手邊北上往里昂，左手邊南下到普羅旺斯，隆河是由北往南流去，所以坦鎮在河左岸，圖儂是河右岸。

・隆河堤岸與遠方的古斯塔夫・圖西耶橋

美食　法芙娜巧克力世界 *Valrhona*

聞名全球的法芙娜低調隱身於此，法國人很喜歡巧克力配咖啡，入境隨俗的我們也來感受味蕾的強烈震撼。外型巨大的巧克力豆來自中南美洲，深受西班牙公主瑪麗．泰瑞莎的喜愛，1660 年帶著巧克力廚師一起嫁給太陽王路易十四，帶動宮廷、沙龍跟風，是送禮的高級舶來品，巧克力與牛奶煮成的飲料，數百年來風靡法國，甚至流行到全世界。

成立於 1922 年的法芙娜，同時供應頂極巧克力給各地名廚及餐館，將巧克力提升至料理的境界。近年更是在委內瑞拉、巴布新幾內亞自種自收，從種植、收割、發酵烘乾、分級運輸、烘焙、精煉可可脂到成型製作，總計 18 道程序與工法，不斷創新口味，是巧克力愛好者的口袋名單。

・透過試吃品嚐，再決定喜愛的口味（禁止外帶）

・不同可可比例調配成各種風味

美食 *Restaurant Le Quai*

位在馬克賽剛橋入口處，室外露台可享受隆河風光，室內座位明亮。

・麵疙瘩（Gnocchi）值得一嚐

・外型有如郵輪的餐館

美食 *Vineum*（*Paul Jaboulet Aîné*）

既可用餐又可品酒、買酒的小酒館，有機的食材與北隆河最具代表性的保羅佳布列（Paul Jaboulet Aîné）佳釀，譜出迷人的生命之旅。

就是要住這裡 *Le Castel*

・偶而自行開伙也是自助的樂趣

特別推薦六人公寓，內有三間雙人房、簡易廚房與大客廳，距火車站僅 170 公尺，飯店提供免費的停車服務，斜對面有間小酒館 Marius Bistro 。

交通

位在里昂以南 80 公里，自駕走 A7 高速公路，火車族從里昂搭 ter 南下一小時，從亞威農搭 ter 北上需 1.5 小時，火車站名坦—圖儂（Gare de Tain L'Hermitage-Tournon），本站 TGV 不停靠。

我與坦-艾咪達吉相遇的小故事

多次從里昂往亞維儂 ter 的火車途中，經過了這個我從沒聽過的村落，由於車窗外的葡萄園景致實在太吸睛，心裡想著有機會一定要來這裡，在多年後終於寫進火車自駕團的行程裡，帶著團員登上山丘眺望隆河。

隆河畔圖儂 *Tournon-Sur-Rhône*

歷史悠久的圖儂（阿爾代什省）與坦（德龍省）的兩岸關係密切，隔隆河相望卻分屬不同省分，從坦鎮走過馬克賽剛橋可順遊圖儂古城。

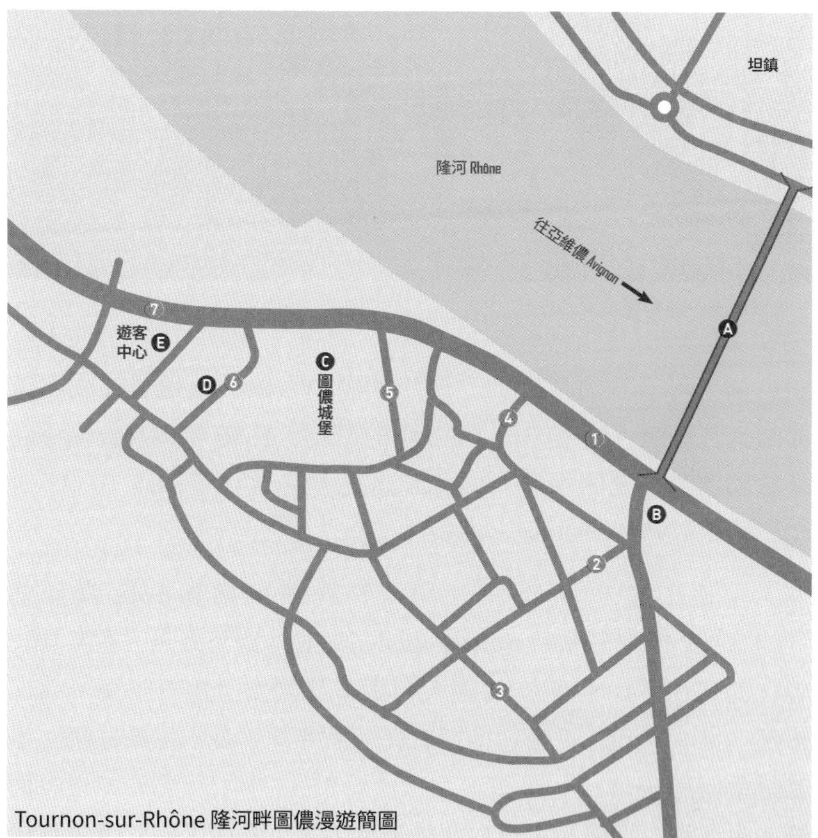

Ⓐ 馬克賽剛橋 Passerelle Marc Seguin Ⓑ 加百利霍和高中 Lycée Gabriel-Faure Ⓒ 圖儂城堡 Château de Tournon Ⓓ 聖居里安教堂 Église Saint-Julien Ⓔ 遊客中心 ❶ Quai Marc Seguin ❷ Rue Gabriel Faure ❸ Grand Rue ❹ Rue du Port ❺ Av. Marius Juveneton ❻ Rue du Dauphin François ❼ Quai Farconnet

・歷代國王在此城堡來來去去

橋上可看到河岸邊的二座法國歷史古蹟，左邊是紅衣主教弗朗索瓦・德・圖儂建於 1536 年的學院，1626 年轉身為高中，是法國第二古老的中學，1967 年改名為加百利霍和高中（Lycée Gabriel-Faure）。

右邊則是起源於 10 世紀，歷經多次擴建的圖儂城堡（Château de Tournon），十字軍東征時期，路易九世（聖路易）曾在此居住，16 世紀初的義大利戰爭法國為了攻打米蘭，弗朗索瓦一世、亨利二世都曾留宿於此，而弗朗索瓦一世的兒子，也就是當時的王儲——弗朗索瓦三世於 1536 年 8 月死於城堡，而後才由亨利二世繼承王位，並迎娶義大利梅迪西家族的卡薩琳梅迪西，就是她將香水、芭蕾舞、刀叉、餐巾等帶入皇室，對法國文藝復興多所影響。

・中世紀的圖儂因葡萄酒貿易而與法國王室靠近

圖儂，對車迷來說是知名露營房車產地（歐洲最大休閒車 Trigano 集團）；對單車客而言，這裡是全長 815 公里的隆河自行車路線（Via Rhôna）的必經之地，從蕾夢湖畔為起點，途經愛維養、多儂溫泉，過里昂之後一路南下到普羅旺斯，沿著風光明媚的隆河騎行；對關注城市規劃者來說，會看到老街的貼心安排，Grand Rue 是法國很多小鎮共有的街道路名，雖說這裡沒什麼知名品牌或店家，但早上 11 點到下午 6 點設置路擋，讓路人可以全然專注於逛街採購；對我而言看到許多店家門面的裝潢設計，能與老建築和諧共存，只要多用心美好的事物就能被看見。

・店家與優雅的拱門線條融為一體

聖加勒米耶 Saint-Galmier

為了 BADOIT 值得繞道而來的小鎮

一個城鎮的地理位置決定了它的命運，高倨福黑平原（Forez Plain）上方的聖加勒米耶正是如此，小鎮以聖人為名，有著濃厚的宗教色彩，法國大革命之後，百姓對於皇室、聖人字眼相當敏感，而被改為 Fontfortvill，這個跟泉水有關的名稱是如何而來？且讓我們往下看……

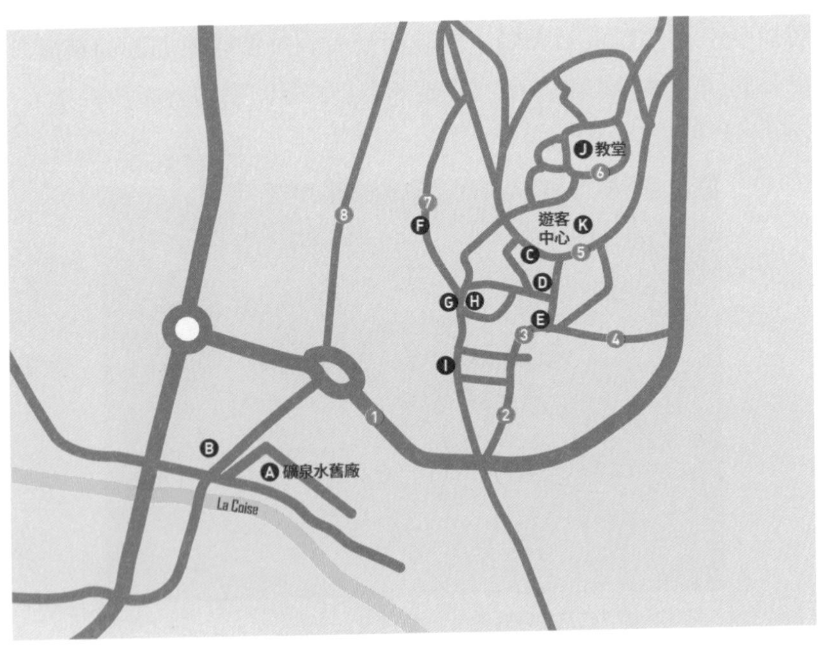

・2004年BADOIT推出紅色瓶身款，2023年停產，改採可再生的透明r-PET瓶

Saint-Galmier 聖加勒米耶暢遊簡圖

Ⓐ 礦泉水舊廠 Espace découverte Badoit Ⓑ Kiosque de Puisage Badoit Ⓒ 座右銘門 Porte de la Devise Ⓓ 文藝復興時期房子Maison Époque Renaissance Ⓔ 文藝復興時期房子Maison Époque Renaissance Ⓕ 烏旭霖修院迴廊Cloître du Couvent des Ursulines Ⓖ 文藝復興時期房子Maison Renaissance Ⓗ 以「聖加勒米耶」為名的房子Maison dite «de Saint-Galmier» Ⓘ 窮人聖母禮拜堂Chapelle Notre Dame des Pauvres Ⓙ 教堂 Église Saint-Galmier Ⓚ 遊客中心 ❶ Av. du 19 Mars 1962 ❷ Rue des Vignes Hermès ❸ Pl. des Roches ❹ Rue des Roches ❺ Pl. de la Devise ❻ Pl. Camille Passot ❼ Rue du Cloître ❽ Bd Gabriel Cousin

豐盛的天然碳酸礦泉水

來自地下 153 公尺花崗岩，富含天然碳酸鈣鈉鎂及微量元素，16 世紀 BADOIT 舊稱 Fontfort，意為強而有力堅固的泉水，1778 年科學院士公開 BADOIT 的水有益消化及舒緩不適，並且也是醫師處方，直到 1837 年 BADOIT 先生承租水源，將其裝瓶量化開始在藥局販賣，並擴展到里昂、巴黎、尼斯等地，1950 年代撤出藥局，轉戰超市帶動銷售，1965 年與 Evian 合併，1970 年加入 DANON 集團，年銷售量為 2.5 億瓶。

您知道嗎？在法國能掛上礦泉水的品牌，勢必有著嚴格的環境保護規範，立法不讓水源受汙染，才能世世代代保有潔淨的水資源。BADOIT 品牌雖是氣泡礦泉水，但口感相對輕盈不刺激，對於還不習慣的人來說是很好的入門款。在法國餐廳用餐，若要喝水有兩種選擇，一是免費餐桌水，二是礦泉水，當我們選擇礦泉水時，服務生會接著問「氣泡還是一般」，而這些年來人們對於養生漸重視，天然氣泡可以代謝體內廢物，加上氣泡上升視覺上更有活力感，的確卻越來越收歡迎，有機會到法國旅遊，別忘了到超市帶一瓶，當然台灣也能透過進口商網路訂購。

・現裝現喝的泉水就是新鮮

我是這樣玩 19 世紀末為找尋新的水源，意外發現羅馬時期的浴場足跡，老城有幾處 14~16 世紀的建築保留至今，城門教堂民宅自有其風采，2021 年疫情期間聖加勒米耶入選米其林指南「百大最美繞道小鎮」（Plus Beaux Détours de France - Guide Michelin），然而身懷任務的我們無暇逛老街，留待下次再回來的藉口，此行直接衝著知名氣泡礦泉水 BADOIT 而來。

景點 礦泉水舊廠 *Espace découverte Badoit*

舊廠外觀低調卻風采迷人，在 2015 年被列為歷史古蹟，免費飲用水就在舊廠前方公園內六角形的涼亭，自 1965 年以來當地居民擁有取水權，每戶每日限 1000ml 的水瓶不超過 12 瓶。來訪的這天只見當地居民三三倆倆開車而來，提著整箱的空瓶，井然有序排隊，動作熟練按下水龍壓頭，不疾不徐慢慢填裝，居民看到我們人手只有一個小水瓶，友善地讓我們先裝水，現裝現喝的口感與鮮度，遠遠勝於超市買的瓶裝水，實在是太好喝了，忍不住喝完又裝，然後心滿意足上車往下一站前進。

・最右側白色雕像正是BADOIT先生

・大家都是有備而來並遵守規定

・居民取水區在舊廠前方的小公園內

交通

自駕　開車從里昂過來約 60 分鐘，是最方便的交通方式搭。

火車＋計程車　搭火車 46 分鐘到 St Etienne Chateaucreux，轉火車 18 分鐘到 St Galmier Veauche，再轉 15 分鐘的計程車。從老城到 Badoit 博物館的步行時間約 10 分鐘。

領隊視角

您知道嗎？水不只是日常解渴的水，而是蘊含生命能量，當我們讚美水感謝水，它會呈現美妙的結晶作為回報，進到體內為我們工作～滋養細胞與之共振。得天獨厚的法國，在六角形的國土遍布各種不同的天然礦泉，帶團期間我會鼓勵團員多喝各種不同品牌的水，除了好水質，價格更是划算。

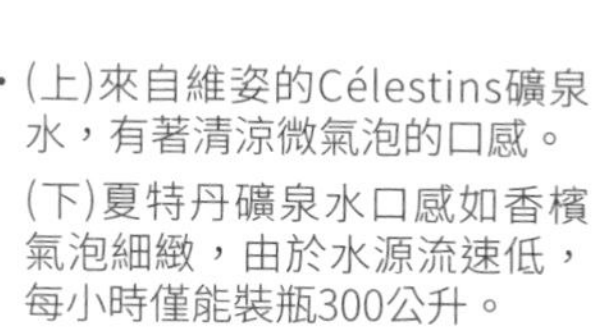

・(上)來自維姿的Célestins礦泉水，有著清涼微氣泡的口感。
(下)夏特丹礦泉水口感如香檳氣泡細緻，由於水源流速低，每小時僅能裝瓶300公升。

出發前功課

確認出發季節　蒐集旅遊資訊　行李打包
找對旅伴　腳力與體力　行李參考表

確認出發季節

旅行的第一步請先確認出發季節，再決定要單飛還是找伴，接下來再選擇跟團、自助或半自助團。本區四季分明，春夏秋冬有著迷人風貌，也各有不便之處，本文希望藉由作者 20 多年的經驗，在現實面提供給讀者出發前多方考量。

11月中～12月初店家休

特別是在滑雪勝地如霞慕尼、美麗貝爾等山區，在迎接 12~3 月忙碌的滑雪季到來之前，當地的店家如餐飲、服飾、紀念品店大都店休，甚至有些飯店也按下暫停鍵，實則進行內部整修，雖有少數店家撐著，但難免讓人有空城之感，稍有不便之處，此時前往要有心理準備。然人少少的淡季也讓小鎮回復平日的面貌，火車、公車座位相對空出，拍照也很輕鬆，房價更是一年最低。

・12月初的旅遊淡季常常落下初雪

12月初～3月中滑雪季

雪季來到山城，對來自台灣的我們是很新鮮的體驗，氣溫常在 0 度上下，遠山近巒時被白雪覆蓋，街道二側疊起人一般高的雪堆，許多民宅依然以木材升火，高高低低的煙囪伴著白裊裊的炊煙，冬季天黑得早，在溫暖室內用餐，朝玻璃窗外看出去，昏黃的路燈下飄著雪花，此時的住宿費用是一年之中最高，難免一房難求，建議提早訂房。

毛帽、大圍巾、手套、羽絨衣、保暖防風褲把每個人都包得圓滾滾，加上低溫乾冷，護手霜、身體乳液、暖暖包、口罩、保溫瓶都是必備物品，攜帶的行李比其他季節來得厚重。至於鞋子，除了保暖還要顧及在雪地行走不打滑，建議選擇透氣佳的雪鞋。

7～8月旅遊旺季

相對夏季行李就輕便很多，但因是旅遊大旺季，人潮車潮是必然的，自駕找停車位要更有耐心，搭火車座位也相對擁擠，搭乘 TGV 建議選擇頭等艙會比較舒適；而住宿成本也要再往上加，當然主要景點拍照時常有陌生人一起入鏡。

宗教節慶假期

法國是天主教國家，特別是在 4 月份復活節（Pâques）、11 月 1 日的諸聖節（Toussaint）、8 月 15 日的聖母升天節，以及聖誕節等，因是國定假日常以造橋方式（Faire le Pont）做成連假，因此飯店、餐館、車潮、停車位等多少受影響，但只要做好心理準備，一樣可玩得開心愉快。

找對旅伴

分配工作

如何找到對的旅伴！是另一半？還是平日吃喝玩樂的夥伴？如果這個人從不認識，你還敢跟他一起自助嗎？前述的三種情境，筆者都曾在自助時有過實戰經驗，單飛的好處是不用考驗親情愛情友情，只要有同伴不管是什麼關係，認不認識，分工合作是極為必要的。這也是為什麼當我在工作上，代客進行自助規劃時，會先去了解每位成員的特性及長項，再進一步分配工作，如方向感好的人負責找路、有語言能力者負責住宿 Check In 及點菜、對數字清楚就是會計、愛搞笑的人帶頭瘋，讓同行的每個人都有參與感，避免從頭到尾只累一個人，也能減少不悅發生。

自由活動各自精彩

為什麼家人、好友、另一半在自助時特別容易擦出不合的火花？因為平時相處的時間沒有比出門在外來得長，三餐、睡覺、早午晚都黏在一起，彼此早已熟識，底細早就摸清。而旅行是耗體力、能量的活動，稍有不合易被放大，口角、冷戰自然逐一上場，加上每個人對旅遊的定義不同、喜愛不同，若不愛逛街的人要他 Shopping 也是折磨，對建築無感的人要她一直看教堂

・夫妻也可以是完美旅伴

臉會臭掉，而對藝術沒興趣的人逼他逛博物館更會瘋掉，此時不如短暫分開1~3小時，各自投其所好，再會合時也有話題分享。最後小提醒，出門在外一切以平安為首要原則，千萬別為了賭氣失和。

・有默契的旅伴Cosplay即興演出

讓孩子也對自己負責

特別是在寒暑假會有更多的親子偕同來參團，或許是因為火車團需要扛行李上下火車，所以小團員也需要對自己的行李負責，上下火車、走路拉行李，也都要參與，從中與家人、其他團員建立革命情感。

蒐集旅遊資料

・行李寄放

出發前半年即可啟動資料蒐集，建立 2 個資料夾，一個電腦專屬，方便彙整網路資訊；另一個是實體資料夾，用來放電子機票、訂房、TGV 訂位票、火車通行證等等，疫情三年後兩者也被 e 化取代，但還是有紙張可以列印存底，萬一手機遺失或當機，至少還有實體備份查詢，畢竟出門在外許多狀況是不可控，20 多年的自助經驗也告訴我，越自信的地方往往就會出差錯。

・百大最美繞道小鎮

對我來說，即便有手機電子地圖指引，還是慣用實體地圖，因為眼睛很昂貴，要用來欣賞美好的風景，一直盯著手機找路，一來眼睛會疲勞，二來無法專注路上交通，三則不利提防扒手。事先準備的地圖可以很個人化，可以標出火車站、飯店、主要景點的相對位置，帶團時每個團員都有一份，自助行的客人更是要有一份，除了不時之需，也是建立方向感的好方式。擅用手機的人及早下載合適的 APP，也可以當成旅途小幫手。

・上薩瓦省市集

・薩瓦省市集

腳力與體力

自助旅行特別需要靠雙腳移動，好腳力才能應付整天的玩樂，一雙舒適的走路鞋非常重要，適當的護具也能保護膝蓋跟腳踝，用過各種品牌的護膝，領隊必戴的「肘膝兩用」有著超強彈性，可讓小腿、膝蓋、大腿、手肘、手臂共用，舒適的妮美隆材質不緊繃，而妮芙露的「都會貼身褲」觸感柔軟彈性佳，陪伴我長途搭機與健行，有利腿部循環與乳酸代謝；除此，建議在出國前及早透過下列的檢視，更能提升腳力與體力。

一雙適合的好鞋＋鞋墊

以夏天為例，通常建議團員穿一雙帶一雙 (氣墊健走鞋＋輕量防滑涼鞋)，一來讓雙腳得以透透氣，不至於整天都悶著，二來鞋子也可以休息；除此，好的鞋墊可幫助雙腳走路更省力穩健。依作者個人多年經驗，推薦博司 VERS 品牌針對各種不同腳型需求的專業鞋墊或舒軟墊，不僅舒適、吸震又有支撐力，還能透氣、吸溼、防臭、抗靜電。建議出國前 2 個月，帶著鞋子預約現場檢測，同時選擇適合個人的

・走路四步驟

鞋墊，如有特殊腳型亦可量身訂製。

正確走路

・選擇適合自己腳型的鞋墊

走路的姿勢與步伐，絕對與腳力息息相關，首先是「尾閭中正」，保持脊椎的中立，不傾斜不偏左不偏右，能做到如此即事半功倍。至於許多人稍微走路就喊腿酸，可能是慣以小腿走路造成，透過費登奎斯（Feldenkrais）以髖關節帶動走路，或是 VERS 足部健康學苑推廣以腳跟先著地的步行方式，加上正確穿鞋，可以減輕雙腿疲勞及預防跌倒。

即日起至2025.07.01，憑本書可預約 **博司科技** 15分鐘免費足部評估

光波貼片

・光波貼片

愛爾蘭製造的光波貼片，對於腳踝扭傷、膝蓋撞傷等急症，能發揮神救援。由於靠近身體 3 公分即可啟動，須留意貨源是否可靠，建議自行在官網訂購宅配直送，讓人安心放心。

行李打包

行李箱選擇

比起一般人，領隊的行李使用次數與損耗更大，所以我們最重視輪子與拉鍊的品質，四輪相對靈活省力、不傷手腕；優質拉鍊不卡卡、不易脫鍊，尺寸以 26 為佳，28 吋次之，因為自助搭火車或自駕，行李箱的尺寸絕對影響旅遊品質，尤其是後者，人數及行李箱尺寸如果沒有拿捏好，到了取車現場才發現塞不下，要不將就換車（浪費時間），要不多租一台（成本提高）。

・自助更需要好的行李箱

雙肩小背包（隨身攜帶）

20 多年來我試過各種隨身背包款式，也看盡團員各式各樣的隨身包，從側背包、斜背包到肩背包都有，最後的結論是，雙肩小背包才是王道，但還必須避免肩帶太細、材質過重、體積太大，並且控制重量，才能減少旅途的肩膀腰部痠痛。要裝哪些東西呢？隨身重要資料、手機、相機、帽子、圍巾、薄風衣、輕量型保溫瓶。為了防扒手，女生手機千萬別放外衣口袋，男生皮夾不放長褲後袋，並且準備零錢包放零錢及小額鈔票，就算被扒也能降低損失。

・雙肩小背包讓身體受力均勻

貼身腰包（隱藏式）

護照、大額紙鈔及信用卡，通通放這裡就對了，正確的使用方式是將貼身腰包穿在內褲與外褲之間，材質輕薄透氣，最好有間隔層。

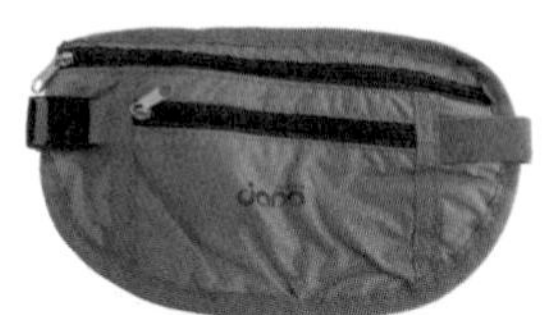

・防扒手的貼身腰包

打包技巧

✓ **捲**　衣褲用捲的，省空間不易皺

✓ **分類包裝**　快速找到東西

✓ **回程大行李箱**　把零碎空間塞滿，如鞋內放襪子、瓶裝紙盒空隙裝小東西，咖啡杯或易碎品放保鮮盒內，液體或罐頭用拉鍊袋區隔以防滲漏。

✓ **回程隨身行李（7 公斤）** 貴重物品、易碎、量輕體積大、不能擠壓為主，如名牌包、花瓶、畫作、海報等等。

哪些東西不要帶？

- ✗ 吹風機
- ✗ 第三雙鞋
- ✗ 皮夾（被扒機率增加）
- ✗ 不分裝的沐浴乳保養品
- ✗ 1000ml 以上的保溫瓶
- ✗ 又大又重的萬用轉接頭
- ✗ 沉重的摺疊傘

・將妮美隆的床單加在風衣內裡，保暖透氣輕盈，內袋可放部分現金防扒手。

衣服怎麼準備

一趟舒適的旅程也包含衣物的準備，沒計畫隨興帶，行李勢必滿到爆，加上邊玩邊買，行李越拉越沉重，不想要額外花錢、花時間跑郵局寄回台灣，不妨參考領隊如何準備。

首先以季節及天數來考量，夏天的行李會比較輕，以我而言不論天數是 12 天、20 天或 30 天，衣服數量都是一樣，永遠就是一個 26 吋的行李箱，只有回程搭機會多一包購物袋，因此上下火車或自駕都很方便，該如何做到呢？以 13 天行程為例，5 件上衣 5 件長褲，兩者可以互相搭配，每天都可以穿得不一樣。

由於法國氣候偏乾，夏天雖熱但有風，少有台灣的黏濕，就算遇到熱浪流汗增加，也可以手洗擰乾，用大浴巾吸水後晾乾。

何況也曾遇過冷夏，那年接連 2 團相同行程到霞慕尼山區，6 月 30 度大熱天穿短袖，誰知到了 7 月竟只有 15 度，因此出發前 2 天務必上網查看十日氣象預報，彈性調整衣服厚薄，當然帽子、圍巾、襪子都是四季必備，掌握夏透氣冬保暖的原則，夏天薄帽可以遮陽擋風，襪子可防穿涼鞋腳跟乾裂，因為旅行的走路時間比上班更長。

我對出團行李非常「克克」計較，剛好在 7 年前透過團員介紹，開始使用妮美龍材質衣物，兼具夏天透氣排汗，冬日保暖快乾的特性，並與皮膚摩擦產生負離子，讓我步入中年有更好的體力來完成工作，除了輕便好攜帶，寒流來時更省了暖暖包的重量與開銷。

・事先想好，火車團也能美美成行。

行李參考表

本單元的行李參考表是以 (A) 登機隨身小行李（後背包）、(B) 托運大行李來做區分，至於 (C) 視季節或個人需要，務必留意行動電源、鋰電池、打火機及刮鬍刀的規定剛好相反，基於飛安細節很多無法周全敘述，請直接到航空警察局官網查看禁止攜帶物品，以免因違反規定而被沒收。

(A) 登機隨身小行李（雙肩小背包）

證　件	護照正本及影本
	台灣駕照
	國際駕照
	大頭照 2 張以上
	現金（歐元）
	信用卡 1~2 張
重要資料	電子機票正本
	申根國旅平險（英文保單）
	旅遊不便險＋海外急難救助
	訂房記錄
	租車記錄
	簡易英文行程表
	城鎮地圖（標出火車站、飯店相對位置）

重要物品	貼身腰包
	歐元零錢包
	手機＋行動電源（不可托運）
	相機＋記憶卡
	口罩（飛機上預防乾燥、感冒感染）
	口哨（防身、喝阻）
	太陽眼鏡四季必備
	筆 2 支

(B) 托運大行李

盥洗用品	分裝的洗髮精＋護髮乳
	手工皂或分裝的沐浴乳
	分裝的身體乳
	牙膏＋牙刷＋牙線（一般飯店不提供）
	護唇膏、護手霜
	防曬隔離霜
各種物品	充電線（器）
	雙圓孔轉接頭 2 個（240V 內通用）
	輕量型兩截式雨傘（四季必備）
	個人藥品
	暈（車船機）藥
	感冒藥
	腸胃藥（胃散、益生菌）
	綜合維他命（或 B 群）
	透氣膠帶

(C) 視季節或個人需要

輕量型保溫瓶 400ml

充氣枕頭（開車時也可當靠腰用）

護膝護踝

暖暖包

輕便保鮮盒（清洗、分裝水果）

室內拖鞋（一般飯店不提供）

隱形眼鏡藥水（當地不好買）

泳衣或泳褲＋泳帽

正式服裝（米其林餐館）

女性衛生用品（當地藥房買最貴）

刮鬍刀（不可隨身登機）

折疊式購物袋（回程戰利品易碎品登機用）

打火機（不可托運）

護身用品（佛珠、十字架項鍊等）

璞心坊的平安油（艾草、抹草、芙蓉等等）

搭機容易緊張擔心，可參考
《仁神術的療癒奇蹟》釋放壓力的手勢

淨化精油、撥筋板、扇子

快乾抹布（自駕擦車窗很好用）

透明拉鍊袋（方便收納小物件）

・法國的積雪草在台灣稱雷公根，本草綱目中品藥，去暑養顏功能甚多，璞心坊的「活力包」有滿滿的雷公根。

睡那兒

自己最在意什麼

住宿種類

網路訂房

自己最在意什麼

確認日期

特殊節日如12月初里昂燈節（Fête des Lumières）、6月中安錫國際動畫影展（Festival International du Film d'Animation d'Annecy）、8月初安錫湖煙火節（Fête du Lac d'Annecy），以及滑雪季（12月下旬~3月中），房價翻倍為常態，若是衝著節慶而來盡早訂房，越到後面房價可能高漲。

訂房前先想好自己最在意的是什麼？地點優先、預算第一、房間舒適度或各種住宿體驗？若有同行旅伴，務必達成共識。

地點優先

搭火車　通常以火車站周邊為優先選擇，步行5分鐘內最佳，步行10分鐘內次之，某些小鎮火車站距老城較遠，如愛維養步行15分鐘，如布萊德溫泉開車15分鐘。許多山城本身沒有火車站，需就近轉搭公車或計程車，如伊瓦爾、聖加勒

・離火車站出來步行一分鐘的ibis STYLES（綠色標誌）

米耶、塔羅荷。訂房時如何知道各個飯店位置？以 Booking.com 為例，先選擇其中一家，再點進「顯示在地圖上」，就可以清楚看到火車站周邊飯店，再自行判斷篩選。

自駕　自駕最便利之處就是住宿的選擇更多，但需連帶考量停車需求，飯店或民宿附設停車場可省停車開銷，就算付費還是划算，特別是一位難求的旺季或寒冷的冬天；住在老城就不用再另外停車，徒步即可觀光。許多迷人的民宿位在荒郊野外，進城還要再開車及找車位，時間、成本都要估算進來。

預算第一

當預算為優先時，就必須將就其他方面，如拉著行李走更遠的路、房間不挑剔或是自備早餐等等。

房間舒適度

除了房間呈現的風格有沒有對眼，床與枕頭的舒適度、牆壁顏色、空間大小、對外窗及房間的味道等等，也是在整體考量之內，每個人對細節的要求都不一樣，常常旅行的人自然會知道自己在意的點。

・霞慕尼四星飯店的風格

各種住宿的體驗

在一趟行程中體驗民宿、農莊、公寓式酒店、包吃包住（Logis de France）到 3~4 星飯店，都是我在幫自助行客人訂房時，最常做的安排，一來高低不同的價位可以平衡住宿預算，二來蒐集各種住房經驗的樂趣。

・附設停車場的公寓讓自駕更輕鬆

住宿種類

連鎖飯店

從法國自助旅行，接著進入旅遊業帶火車團，歷經 26 年的住宿訂房經驗，最早接觸到的 2 星連鎖飯店就是 ibis （紅色標誌），除了近火車站的便利性，身著紅色制服的服務人員、標準化的流程讓人備感放心，裝潢一致的風格與早餐，更有如回到相同的家，年輕時的我即成為忠誠客戶；飯店品質也不斷提升，約每十年重新大整理，至今已翻新兩次。

由於市場競爭，其他連鎖飯店如 Mecure、Novotel、Campanile 同樣也裝修更新，每當代客訂房時，也會盡量避開老舊的房間，且從過往經驗發現，同連鎖不同城鎮的住房品質及價格各有所異，而某些城鎮 Mecure、Novotel 的房價在旺季會貴到嚇人，由此可見在淡季出遊，趁機訂更好的飯店是相對划算。

・朱紅是ibis（紅色標誌）的主色

私人公寓

通常公寓附有廚房方便開伙，面積 20~40 m² 都有，房價未必比飯店便宜。記得在某次自助的入住當天，在訂房網站看到一間評比 9.5 的公寓，獨樹一格的設計立刻吸引我，下訂之後房費馬上由信用卡扣款，隨即收到房東傳來的訊息，如何取得密碼與鑰匙。

依照指示先用密碼進入大門，接著打開信箱，再用另一組密碼轉盤取出鑰匙，然後上樓開門而入，所做的每個步驟房東都很清楚，除了闖關的樂趣還有著被監視感。格局一房一廳一廚一衛，雖然不大卻有品味，電燈、電視、音響用 iphone 來遙控，看到住客留言本的評價都很高。

但對我來說最大的困擾是，樓梯間有昨晚殘留的酒瓶、食物、滿地飲料與垃圾，味道不佳，隔天 Check Out 準備下樓時，遇到整理的房務員而小聊一下，得知樓梯間的狀況已是常態，也因這一聊慢了五分鐘，沒有準時把鑰匙放回信箱，馬上收到房東訊息，他對時間的要求比 Hôtel 還嚴格！

回想昨晚在雨中視線不佳，加上路燈光源不足，繞了幾圈才找到公寓，再費時找被垃圾桶遮住的電梯開關，人是又餓又累，在在感受到，雖然住過的公寓經驗不少，但因環境及房東不同，每換一間都要面臨新狀況，不似飯店有問題就找櫃台。而且旅伴之間要互助合作、彼此體諒，有了這些革命情感的累積，更有默契往下一站前進。

公寓式飯店

這幾年公寓式飯店如雨後春筍，以 Adagio Aparthotels 為例，有二房或三房的選擇，外加簡易小廚房、小客廳，相當適合同行人數 4~6 人的組合，有著類似公寓性質的便利，同時有櫃台人員管理，避免摸索的不便。但請注意並非所有房間都有附設簡易廚房，網站訂房時務必確認清楚。

・適合多人同行的公寓式飯店

平價連鎖飯店（只住一晚）

一旦遇到熱門節慶如里昂燈節、安錫煙火節，昂貴的房價常讓人下不了手，若只停留一晚，不如試試如平常只要 70€ 的 Première Classe、Ibis Budget（藍色系列）及 50€ 的 Hôtel F1，都是平價連鎖飯店，雖因節慶房價往往飆到 120€ 以上，但比起其他連鎖系列還是便宜很多，但同時要能接受房間、走道、桌子都很小，甚至行李無法打開平放。

・Logis de France（https://www.logishotels.com/fr/）

附設餐館的住宿Logis de France

越到鄉下越會看到黃底黑字的招牌，Logis 除了住宿，同時提供在地餐飲服務，餐食的部份可以選擇 1/2 Pension（包 2 餐）或 Pension（包 3 餐），並依等級分為一到三顆壁爐。

法國渡假屋 Gîtes de France

鄉間最常看到的租屋類型，因訂房的天數大都以週 (par semaine 或 sem) 為計算，因此特別適合定點旅行的族群，平均價格相對划算，不適合長程移動，出租的房舍通常有多間客房並有廚房可開伙。

網路訂房

・旅行中好好吃頓早餐才有好體力

透過旅行社專業代訂，不用傷腦筋且相對有保障，但難免不合己意、服務人員經驗不足踩雷，並需支付訂房服務費。近年網路訂房選擇很多，可以貨比三家直到滿意，且可累積訂房經驗，但相對花時間眼力，也有可能踩雷，並需自行承擔一切風險。

・伊瓦爾四星飯店豐盛的早餐

五花八門的訂房系統各有賣點，同房型卻稍低價，有沒有可能是邊間、電梯對面或偏小的房間？早餐、加值稅、城市稅不包含在房價是基本概念，法國 2~3 星早餐每人約 8 至 18 歐元，價格反映在簡易或豐盛。不退款的房價相對讓人心動，但也要能承擔風險，若剛好遇到火車罷工或班機延誤，損失反而更大，建議抵達當地第一晚避免不退款的訂房，也可減少旅遊的心理壓力。

許多人對網路訂房沒安全感，畢竟人都會出錯何況電腦，對應之道——在訂房完成後會看到「訂房代號與回覆」，建議列印紙本留底，並發特別要求的訊息，如安靜的房間等等，若有收到回覆，也代表訂單通常沒問題。

聰明購物

哪裡好買？

特色商品

哪裡好買？

對於喜歡 Shopping 的人來說，不會找不到地方可買，因為天生的雷達自動搜尋，是不分國界的，店家的戰利品正等著有緣買主來挖掘。除了老城區的街道巷弄、紀念品店、菸草店（Tabac）、大超市（Monoprix）、百貨公司、購物中心、旅遊服務中心、高速公路休息站，乃至機場免稅店，可都是蒐集戰利品的所在，滿足每個人的尋寶樂趣。以下是我個人口袋名單。

・菸草店也能找到旅遊紀念品

火車站的書店
RELAY+Tabac

有著最新的居家、旅遊、美食、健康、歷史各種雜誌，以及在地爽口的餅乾甜點等特產，還有臨時救急的旅行生活用品，如盥洗類、轉接頭、USB 傳輸線、飛機枕（長程火車也很好用）、OK 蹦、衛生綿等等，當然也少不了明信片、飲料、麵包，對火車族來說真的很好買。

・有機會翻翻法國雜誌

書局 *LIBRAIRIE*

雖然主要目的不是來買書，但我很鍾愛書店裡的文具及紀念品區，還有許多別樹一格的明信片、書籤及卡片，能夠看到摸到法國最擅長的色彩搭配、創意發想，至於書店的櫥窗風格也是亮點。此外，店內不會有著熱絡人潮，足以安安靜靜好好逛。

・書店櫥窗陳列著萬聖節彩蛋

藥妝店（藥局＋美妝）

在法國不論是藥妝店（Parapharmacie）、藥局（Pharmacie）、美妝（Parashop）＋藥局，都是讓人眼花撩亂的超好逛，在莫名心動之下，歐元不知不覺就飛出自己的口袋，所以還是那就老話「你要的是什麼？」，以我自己為例，會來補貨的項目都是日常用品，如適應變動及時差的核桃花精、人生必備的急救花精及乳霜、有耐心的鳳仙花精、化瘀的永久花精油、高地薰衣草精油等等，就能避免亂買然後回家又沒在用的後悔。

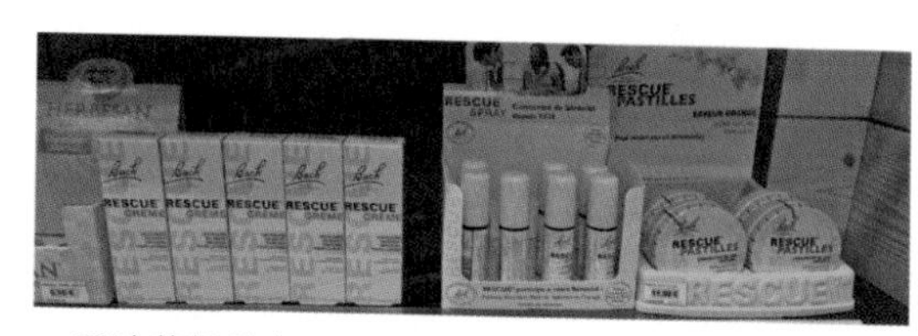

・巴哈花精共有38支，台灣可在Peaceful Avenue訂購，由英國160多年歷史的順勢藥廠Nelsons原廠空運直送。

市集 *Marché*

女生來到市集時間永遠不夠用，杯碗盤叉、桌巾桌墊、衣帽、手飾、鞋子等等，常常是讓人忘卻煩惱，深具療癒力量的好地方。

折扣季 *SOLDES*

每年 2 次大折扣可以下殺到 3 折，冬季在 1 月初、夏季在 6 月下旬起跑，時間長達一個多月，但確切日期由法國官方統一公告，其它區間小折扣頂多到 8 折。

特色商品

阿爾卑斯的旅行紀念品總是給我溫暖質樸的回憶，那是法國其他地區所無法取代，透過物品將薩瓦風情帶了回來，為日常生活注入大自然的力量……

生活用品及掛飾

散發著傳統氣息的薩瓦風格，常見愛心、高山花草、聖誕樹、牛羊、土撥鼠、驢子，手牽手一起出現在桌巾、窗簾、擦手巾、杯盤以及鑄鐵掛飾，溫暖的配色吸睛指數90分，讓人忍不住一一打包。

牛鈴

常見於紀念品店的牛鈴大都是裝飾用，因此尺寸小重量輕，而且色彩繽紛，近年也有許多愛心型的鈴也是可以列入選擇。

便條紙

常見於書局或紀念品店，可以挑選自己喜歡的法文名字，手掌大的尺寸好帶又實用，現在人很少寫信，小便條紙正好可以當隨手信紙來用，便條紙的封面也是內頁圖案。

明信片及海報

常見優雅復古風、壯闊寫實攝影風、幽默漫畫風，各有粉絲支持，小如明信片、大如中型海報，都能方便攜帶，帶回家裱不裱框隨人所好，就算隨意放在書桌前也能為生活添增美好回憶。

餅乾鐵盒

常在紀念品店或食品店找到，鐵盒裡真的有餅乾，有單一或綜合口味，根據作者的經驗餅乾都不錯吃，而重點是鐵盒有收藏價值，帶回家收納文具。

磁鐵

各種造型的磁鐵，從咕咕鐘、高山小花、半木屋、滑雪鞋到土撥鼠，您喜歡哪一個？放在冰箱天天都看的到。

登山衣物

熱愛健行登山的人逛到這裡，要有大包小包的心理準備，料子剪裁風格乃至價格吸睛指數 90 分，尤其是雪靴，對哦！沒看錯，真的就是有型又便宜，一雙防水防滑的雪靴是當地人冬季必備。

木雕掛飾

不論手工或雷射木雕都各有特色，前者線條與造型簡單，紋理透露著質樸氣息，後者則展現精細複雜的設計，有時兩者結合，或混搭金屬等異材質，如圖中以木材的小天使與鈴鐺打造濃郁聖誕風。

吃吃喝喝

體驗多樣的飲食
市集趴趴走
超市好好逛
用餐須知

體驗多樣的飲食

半自助團的午晚餐是由團員自理，藉此體驗各種用餐方式，對於喜歡美食的人來說，透過食物與土地連結也是旅遊樂趣，但對不重吃或不擅點菜的人較傷腦筋，為了兼顧兩者的需求，在一趟行程當中我會安排約 3~5 次的聚餐，團員可自由參加，最大的好處就是大家可以用 Share 的方式，品嚐更多的當地料理。

從高特米洛評鑑（Gault & Millau）、背包客指南（Guides du Routard）、精打細算（Petit Futé）、餐飲大師（Maître Restaurateur），

・旅伴偶而聚餐好不熱鬧

・各種美食推薦也是參考指標

到米其林指南包含星級、必比登推薦（Bib Gourmand）、餐盤推薦（Assiettes Michelin），眾多指標評比，就足以想像法國人對於吃的講究，視所需場合與預算來選擇，也是與人與食物維持和諧關係的重視，身為旅人的我們看到法國飲食五花八門，到底該從何下手？

一般來說餐館（Restaurant）的營業時間較固定，午晚餐之間休息，晚餐通常 8 點開始，等上菜往往快 9 點，若想要隨到隨用餐，就得指望家常菜館（Brasserie），不僅菜色種類多且幾乎全天都能用餐，除此薩瓦地區的披薩館（PIZZERIA）用餐時間也比較全天化，至於小酒館（Bistro）主要是簡單的開胃小菜搭配酒類，不以吃飽為目的。帶團時若要聚餐，通常我會訂在晚上 7 點，一來可避開當地用餐尖峰，二來這時間很符合台灣胃。

越大的城鎮解決吃的管道更多，想吃漢堡、法式棍狀三明治、沙拉、甜點、咖啡茶飲就找麥當勞、連鎖輕食店（Brioche Dorée）、快餐（SNACK）等速食為主的小店；可麗餅店（Crêperie）

・法式棍狀三明治主要以火腿、乳酪、鮪魚為主，搭配生菜、蕃茄。

・薩瓦地區較能喝到熱騰騰的湯

的砂糖、巧克力榛果醬（Nutella）都是我最愛，想吃鹹的就選蕎麥做的鹹薄餅（Galette），以乳酪絲、火腿為主要食材。想要體驗法式午茶，除了滿街的咖啡館（Café），特別推薦茶館（Salons de Thé），有各種風味的紅茶、花草茶及在地甜點讓人嚐鮮，然後看人也被人看。

冬天最渴望熱騰騰的湯麵，就找中國餐館或越南小館（VIETNAMIEN），後者清爽酸甜的沙拉在夏天很開胃，若想外帶中式炒飯、炒麵、炒菜等熟食料理，中式快餐館（CHINA FAST FOOD）很方便，但都是微波加熱。近年民宿、私人公寓及公寓式飯店越來越普及，這類住宿常附帶簡易廚房，讓旅人也能簡單煮上一頓，特別就是想吃個湯麵的時候，善用超市的麵條或薩瓦的方塊麵（Crozet），生鮮蔬菜（番茄、蘑菇、洋蔥、紅蘿蔔等），再加上培根丁，分擔下來每個人可能只要 3 歐元，採買、備菜、主廚、洗碗，大夥（或家人）分工合作的革命情感，也是凝聚彼此向心力。

因地理位置與氣候使然，為了度過寒冬並且有更好的體力，薩瓦地區偏愛以乳酪、奶油入菜，而在沒有冰箱的年代，為了保存食物於是有著醃蔬菜肉品及香腸，這些食物對許多人來說是陌生的，甚至敬謝不敏，但既然來到這裡是否願意嚐鮮？

薩瓦的格呂耶和（Gruyère de Savoie）硬乳酪，或是薩瓦的多摸（Tomme de Savoie）半硬乳酪，都是平易近人的選擇，可搭配 Roussettec 的薩瓦白酒或 Mondeuse 薩瓦紅酒，也可選擇搭配鄉村麵包，品嘗不同的飲食滋味。其實不管選擇什麼，都好！因為旅行就是短暫的異國生活體驗，就算不合口味或不小心踩雷，也累積了自身經驗，可別翻臉或跟自己過不去，不是常說～旅行也是探險嗎？

・當地傳統風乾香腸

・薩瓦啤酒也佔有一席之地

・各種秘方苦艾酒只在薩瓦地區才有

市集趴趴走

最高指導原則
——不挑水果、不殺價

食物不僅僅是維持生命，食材所透露的訊息，同樣滋養著靈魂，更與風土深深連結，想要認識某個區域的飲食文化，最好的方式就是到市集來走走。

本書最推薦的市集體驗非安錫莫屬，琳瑯滿目的攤位座落在老街拱廊、運河旁，來自周邊各地村落的蔬果乳酪香料，五顏六色的食材讓人目不暇給；耳畔掠過老闆叫賣聲、人們此起彼落的法語交談、人來人往的腳步聲，好似流動的協奏曲；還有空氣中各種食物氣息，像是春天的白蘆筍、夏天的櫻桃、秋天的葡萄、冬天的野生蘑菇，種種香

・道地的薩瓦乳酪Tomme味道柔和

・各種口味的橄欖與無蒜味的醃蒜頭

・在市集買的櫻桃相對新鮮便宜

・安錫聖克雷爾老街市集

氣，透過眼耳鼻讓人感染了日常生活的律動。

然非每個村鎮市集都有如此規模或熱鬧，那就以當地的節奏與步調加入即興演出，啟動「我」也是這個市集的一份子。通常每個城鎮村莊的市集日期都是固定的，如每周二上午到中午，但某些靠近山區的市集可能因季節略有調整，建議事先上網查詢或到了當地入住飯店時先確認。

攤位的水果不能任意挑選，確定要購買，請先開口講早安或您好（Bonjour），請老闆幫忙拿，再結帳即可。依過往經驗市集買的水果大都是以紙袋裝，建議從台灣帶輕型保鮮盒，方便清洗與分裝。

・因著豐盛的大自然，上薩瓦省盛產蜂蜜

・聖誕市集常見會牽絲的Aligot乳酪

・春季盛產的白蘆筍

・朝鮮薊不好處理，吃花瓣底部的果肉。

・市集也有令人流口水的熟食攤

超市好好逛

・法國近年流行的健康飲料康普茶

・架上是以水果發酵的開菲爾

・超市就能買到有機香料

・各種品牌的礦泉水值得一試

不同於市集的喧嘩，有些超市甚至可以讓人逛到忘我，陳列著吃喝玩樂的日常食品、用品、保健保養品，就連戰利品、伴手禮都可以在此解決。

或許你會問領隊：這些超市都逛 N 遍了，還會有樂趣嗎？

當然能夠自得其樂就是我的本事！好比近年法國非常流行健康飲品～康普茶（Kombucha）、開菲爾（Kefir），因此找尋各種不同口味的的天然飲料，就成了逛超市最大樂趣之一，無形中也積累新資訊及體驗。

除了常見的中小型超市品牌 Casino、SPAR、Carrefour City、Monop' 之外，有越來越的 BIO 超市加入行列，除了各種有機食品食材，更包羅了有機的保養品、口紅、花草茶、香料、種子、精油，乃至花精、小糖球等等都可以買到，產品非常多樣化，而且不侷限於法國品牌，德國有機彩妝 Benecos 就很常見。哇！寫到這裡我的心忍不住神遊了……

法國大部分超市週日、假日都不營業，除了 SPAR 是特例，不僅最早開門也最晚關門。有趣的是與賭場同名的 Casino 超市，午休時間會拉下鐵門，某些小村莊的超市營業時間可能更有個性，有時難免也會撲空。這些資訊在入住飯店時都可以詢問櫃檯人員，或是超市門口也會標示營業時間。在一趟自助旅程中，注意細節往往可以減少摸索的時間與體力，養成好習慣絕對是加分。

・Casino超市走小而美路線

用餐需知

跟法文菜單對上眼

・菜單清楚標示餐點價格

許多人對法文菜單有看沒有懂，其實我也不是每次都有把握，好在現在有翻譯軟體小幫手減少誤踩地雷。各餐館的菜單順序與形式不盡相同，穩定軍心的第一步先掌握三大分類，套餐（Menu）、單點（À la Carte）、中午才有的每日特餐（Plat du Jour），第二步細分為開胃酒（Aperitifs）、前菜（Entrées）、主菜（Plats）、飲料（Boissons）、乳酪（Fromage）、甜點（Desserts）、飯後消化酒（Digestifs）的順序，一道一道拆解。現今大多數的餐館都可在網路上看到餐單，按下翻譯鍵就能輕鬆掌握，手機 AI 翻譯也是好法子。

用餐推演

許多人在法國用餐曾有不愉快經驗的主因，除了語言隔閡，還有不了解當地用餐習慣，大多數並非服務員差別待遇，透過下列推演，讓我們對當地用餐的順序能有更多的理解與掌握。

1. 先在門口確認菜單與價格，有喜歡再推門而入。

2. 在門內的入口處等候，請記得不論有沒有預約，都必須等候服務生來帶位，當你們眼神交會的瞬間，不管會不會講法語，先開口您好 Bonjour，然後也會聽到服務員的問候，並且確認有訂位嗎？幾個人？接著帶位入座。

3. 就座後，通常會有兩種狀況，如果晚餐時間還早（6~7 點），服務生會問需要什麼開胃酒、飲料；如果是正式用餐時間（8 點），服務生送上菜單後就會暫時消失，如果一直沒回來，舉手示意即可。部份餐館有英文菜單，完成點餐之後，接著再挑選紅白酒等飲料，想點水也要在這時候完成，水又區分為兩種 ~ 免費的餐桌水或付費的礦泉水（一般礦泉水、汽泡礦泉水）。

・餐廳的氛圍也是用餐重點

・酒杯與水杯明顯有別

4. 麵包、水、酒與飲料會先上桌，初次上菜大都數會聽到服務員講用餐愉快（Bon Appétit），此時請優雅回應謝謝（Merci）。用餐中若有餐具不小心掉在地上，請服務生再給一次即可。

5. 用餐完畢服務生會來詢問甜點及咖啡，若有需要才會給甜點的 Menu，即使在之前點菜是選擇附甜點的套餐，都是在此時此刻才點，乳酪也是屬於甜點範圍，至於咖啡就算是晚餐也會問哦。

6. 結帳，法國餐館大都是桌邊結帳，告知服務生帳單就會送過來，然後服務生再度暫時飄走，確認金額後將現金或信用卡放在帳單夾內，服務生會來收走。在正式高級餐館，覺得服務專業想給小費，準備起身離座時再放桌上即可，但不宜以零散銅板湊成整數。

表達心意的服務費

搞定交通

如何前進阿爾卑斯
火車輕鬆搭
長途巴士也不賴
計程車搶時間
自駕上手
地鐵

本書介紹的城鎮
大部分可搭火車抵達
火車到不了的地方
就以公車、TAXI
或自駕輔助
相互交替運用
自助旅行的魅力也在
體驗各種不同的交通工具

如何抵達阿爾卑斯

本書介紹的城鎮是以里昂為中心，再分別朝東北、東、東南、南延伸出去，除了坦-艾咪達吉及聖加勒米耶可以當天來回，其他建議由里昂作為起點來安排 2 日以上的行程，當然行程走法有百百種，無法逐一在本書介紹，以下為主要進出里昂的方式供旅客參考。

戴高樂機場（訂位代號CDG）

由於台灣沒直飛班機到里昂，最快方式是從台灣（TPE）出發到戴高樂機場（CDG），再從機場的火車站搭乘子彈列車（TGV）前往，所需時間 2 小時。疫情期間因全球班機縮減，從台灣直飛的長榮班機從一航廈（CDG 1）改至二航廈（CDG 2）的 E 大廳，打破十多年的規律，今後會不會再變動不得而知，跟團時有領隊不用擔心，自助者就要自立自強。

許多人對於沒來過的機場因陌生略有擔心，其實我也會，特別是早年在帶團時常有轉機，有些歐洲機場根本沒去過，身後又跟著一群團員，每一步都要很專注，好在幾次經驗下來發現，其實機場的轉機出入境標示都有圖示及英文，只要不慌張，眼到心到，好好跟著指標前進皆可逐一完成。

戴高樂機場共有三個航廈，以免費接駁電車（CDG VAL）做連結，機場的火車站位在二航廈（Terminal 2），到了入境大廳，只需跟著火車站（GARE SNCF）指標即可步行抵達；若班機是在一航廈，搭接駁電車（CDGVAL）在二航下車，再遵循指標即可抵達法國國鐵大廳，由此搭乘 TGV 前往里昂，再轉車到艾克斯溫泉約 90 分鐘，安錫約為 2 小時，愛維養溫泉 2.5 小時，以上不含轉車時間。

・由機場下到火車站大廳途中

・準備下月台

免費接駁電車（CDG VAL）停靠5站

Terminal 1 — Parkings PR — Terminal 3 (RER CDG 1) — Parkings PX — Terminal 2 (Gare SNCF、RER CDG 2)

入境法國程序

下機—過海關—提行李—入境大廳—前往 TGV 火車站（或自駕取車）

出境法國程序

TGV 火車站（或自駕還車）—出境大廳—退稅—櫃檯報到掛行李—海關—免稅店—X 光—候機室

里昂機場（訂位代號LYS）

・里昂機場英文標示清楚

里昂是法國第三大城，通都大邑交通便利，機場位在里昂東方20公里的聖修伯里機場（Aéroport Lyon Saint-Exupéry），開車到市區約30分鐘，搭乘機場快線Rhône Express（RX）每15分鐘一班行車時間約27分鐘。關於國內線，與巴黎、史特拉斯堡、尼斯、波爾多、南特等城鎮每日互有頻繁班機。至於歐洲大城如阿姆斯特丹、蘇黎世、法蘭克福、慕尼黑、維也納、米蘭、布拉格曼徹斯特都有直達班機。且機場入出境的標示與動線清楚，比起繁忙且總是排隊人潮的戴高樂機場，真的清閒太多了。

想省車錢可在一航廈（Niveau 0）搭乘搭廉價大巴BlaBlaCar Bus（巴士外觀是OUIBUS），可直達安錫公車站（Annecy Gare Routière），時間約90分鐘，到霞慕尼公車站（Chamonix Gare Routière），時間約180分鐘，手機下載APP或在官網（www.blablacar.fr/）都可查詢班次、價格、路線圖及公車站位置。

・開往安錫的BlaBlaCar Bus

・里昂機場火車站

里昂機場的法國國鐵站名為 Lyon Saint-Exupéry TGV，這一座高鐵站由獲獎常勝軍的西班牙建築師卡拉特拉瓦設計（Santiago Calatrava Valls），1994 年完工。搭乘 TGV 前往慕提耶（Moûtiers-Salins-Brides-les-Bains），直達時間為 3 小時多，由此轉進柏希德溫泉；若到安錫要先到里昂轉車車程約 2.5 小時；若前往霞慕尼包含轉車時間約 5.5~6.5 小時。

・機場火車站天花板有如飛機展翅

火車輕鬆搭

搭火車的樂趣

法國火車時速飛快卻平穩，座位設備與舒適度不斷升級，還有艙等供選擇，寬廣的車窗外隨著時序上演著春夏秋冬，要發呆要小睡要走動且隨意，TGV 的餐車隨時為你服務，車廂內耳朵聽到的幾乎是輕柔法語（相較自駕聽到的是中、英文），讓人置身在當地氛圍裡，總之，在法國坐火車讓人一點都不無聊，如果你還沒有親身體驗，趕緊繼續往下看看我們在火車上做什麼……

・車窗外飛馳而過的油菜花田

不同車款體驗

通常在一趟自助行程中會搭到各種不同款型的火車，體驗不同的速度感，首先就是奔馳於大城市之間的子彈列車（TGV），如巴黎到里昂或戴高樂機場到里昂，方便快速長線移動，花錢買時間與體力；行駛於法國135個城鎮的城際列車（INTERCITÉS），有些路線強制訂位才能上車，串聯各大區之間的城鎮或連結巴黎，彌補 TGV 班次較少的地方，如里昂到西部南特直達的城際列車；當然還有最普及的區間快車（ter），除了串聯地區性的鄉村城鎮，不同大區之間的長線載客也越來越普及，似乎快取代城際列車之勢，而我最欣賞 ter 車廂內部座椅的色彩美感與創意設計，其實每個大區 ter 的外觀各有其亮點。

・法國火車內部不斷推陳出新

・攜帶單車也可以輕鬆搭火車

坐火車看風景

在法國坐火車最大的享受，莫過於欣賞沿途風景，窗明几淨的玻璃窗，即使是坐在靠走道的位子，也能將美景盡收眼底，像是白朗峰快車幾乎把窗戶開到車頂，將柏松冰河與綠湖盡收眼底、艾咪達吉的葡萄園四季風光、布傑湖寧靜的湖光山色、瓦洛辛尼阿爾卑斯高山風情，都是你我心底最美的回憶。

與當地人互動

在火車上短則一個鐘頭，偶有長程移動三、四個小時，若剛好是包廂坐位，頭等艙 6 人一間，二等艙則 8 人一室，在如此

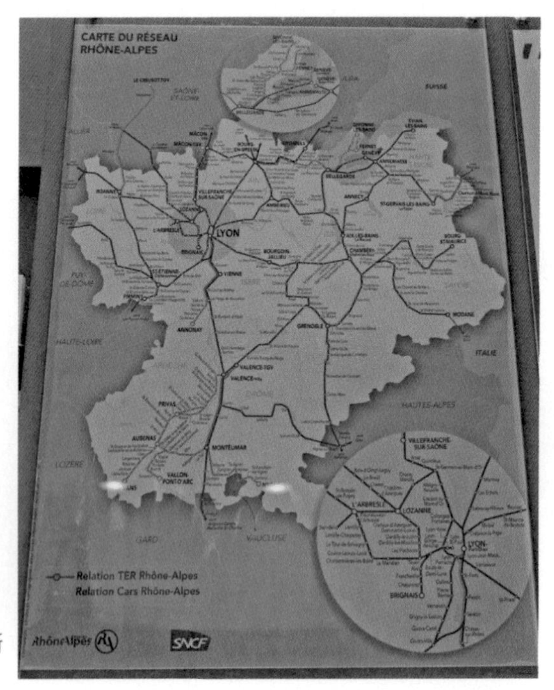

・隆河-阿爾卑斯地區路線圖

貼近的空間裡，即便大家都是陌生人，但共處一室對坐眼神難免交會，總會有人憋不住先打破沉默，或許我們會顧忌語言上的隔閡，其實放輕鬆點，往往有意想不到的趣事發生。

我永遠記得曾有一位團員，她在安錫往亞維農途中，與一對母子同坐一個包廂，剛開始三人無法以語言溝通，但後來竟然玩在一起，小朋友比手畫腳教她說法文，團員也很有耐心地跟小朋友解說中文，歡樂的笑聲此起彼落，三個小時後彼此依依不捨的道別，這正是搭火車最迷人的地方，不期而遇的緣份與驚喜將是一輩子的回憶。

在火車上野餐

當午餐必需在火車上解決時，我會帶團員到熟食店或市集採買，或是自己動手做法式三明治。大多數座位都會附設桌子，只要把桌面從椅背上放下來，將事先準備的午餐往桌上一擺，就能

・TGV頭等艙座位方便車上野餐

・小朋友搭火車也能自得其樂

在火車上體驗野餐的樂趣。事實上我們常看到同車的法國人也是有備而來，瞧瞧他們準備的午餐，不外就是在棍狀麵包裡夾了幾片火腿、乳酪、生菜，還有當季的水果如杏桃、無花果、櫻桃等等，有時還會自備紅酒呢！

分享經驗

多年的帶團經驗讓我發現一件有趣的事，坐巴士時團員之間很少有互動，然而上了火車可就大不同，似乎有股神奇的力量，將來自四面八方的團員們，不論單身男女或是蜜月、大哥哥大姊姊、小朋友們自然而然地湊在一起了，彼此較容易打開話匣子，除了聊聊彼此的旅遊經，也會分享人生經驗與心情故事。

關於火車票種種

火車時刻從哪來

網路查詢　除了帶團，代客規劃行程也是我的工作，訂票前一定會查詢時刻，向來慣用德鐵訂位系統，萬年不變的英文介面簡潔明瞭，直接輸入 From 與 To、日期及出發時間，即可看到詳細的火車時刻；至於法國國鐵每隔三年又是新版，還要重新適應路徑，相對很少使用，反而手機 APP 變化不多，不論身在何處隨時都是得力助手。

自動售票機　大型火車站內也會看到白黑色調的自動售票機，除了長程線或 TGV 買票退票換票，還能查詢時刻，操作方式不難，一開始選擇英文介面，按照流程輸入資料即可看到，只是時間要控制好，不要耽誤後面排隊買票的人。

・螢幕左下方多種語言

・不同大區的時刻表各有風格

紙本時刻表（HORAIRES） 如果法文能通，很推薦 SNCF 的摺疊式時刻表，有詳細的停靠站，時間也頗精準，但要留意下方的附註說明。以前我很愛蒐集這些時刻表，有著吸睛的封面與路線圖，每年更新兩次，在售票處的開架上自行索取。

櫃檯詢問 i 或 Accueil 大型火車站的 i 或 Accueil 櫃台並無售票功能，但什麼都可以問，將日期、時間及出發點、目的地先寫在紙條，再交給服務人員查詢；至於小型車站的窗口分工沒那麼細，就什麼都包了，也比較不用等。

訂位與購票

請先想清楚自己要的是什麼？

想省錢不怕麻煩，直接在手機 APP 訂位與購票，除了成就感還能累積經驗，當我們以節流為優先，同時也要能接受花時間、花眼力研究各種優惠，還要配合種種限制，如限網路訂購的 iDTGV，享用最低價格也要接受行李限制、不可退換票等等，還要記得乘車六個月前即開放搶票。

也有早鳥票 TGV Prem's，三個月前開始預售，價格高低不一且不可退換票；至於 TGV LOISIR 票價雖比早鳥票稍貴，優點在於「花錢買彈性」，萬一要更改可以退換票，但需注意日期且可能有手續費；雖然 TGV PRO 2NDE 的票價最高，但可退可改。

影響價格高低還有下列因素，在此以巴黎戴高樂機場前往里昂為例，不同班次子彈列車價格落差很大，來自於平日與假日、頭等與二等、離峰與尖峰的差異，有趣的是，車廂內部設備更好的 TGV INOUI 價格有時反而優惠。

子彈列車	平日		周末假日	
OUIGO 親民版 TGV	2 等艙 19 歐	—	2 等艙 39 歐	—
TGV 正常版 TGV	2 等艙 45 歐	頭等艙 49 歐	2 等艙 104 歐	頭等艙 146 歐
TGV INOU 進階版 TGV	2 等艙 45 歐	頭等艙 68 歐	2 等艙 72 歐	頭等艙 76 歐

阿娘偎～看到這裡頭暈了嗎？別忘了，注重創意的 SNCF 官網每隔幾年更新欄位，還要重新適應呢。所以說，一旦很清楚自己是想省時間、不想傷腦筋，最輕鬆的方式就是找有實戰經驗的旅遊業者規劃行程，同時代訂火車票及通行證，甚至使用方式都交代好，花錢買時間買體力，並節省摸索的過程。

臨櫃買票眉角

盡量避免現場排隊買票，雖然這個工作對我來講很熟悉，每次出團會有一次臨櫃購票，因著 20 多年經驗的累積，所以有把握快速完成，但沒經驗或語言不通的人來說，可能會花掉不少時間，或因法國人動作慢又趕時間而心急。臨時必須透過窗口買票，建議擅用小紙條寫上日期、出發地、目的地、艙等、人數、單程或來回，將會更省時省力。現場拿到票務必再次確認地名，法國有許多小鎮名稱雷同，但差一字卻差好幾百公里，發現有誤及時更正，可免再次排隊。

・在法國排隊購票需要耐心

自動售票機（BILLETS）

・ter自動售票機操作簡單

小型火車站只設區域性火車 ter 的自動售票機，雖然只有法文介面，但操作很簡單，以外圈左右旋轉做選擇，再按內圈做確認，選擇的項目不外乎等艙、日期、起站終站、票種（大人或兒童）、單程來回，票價顯示後只能刷卡或投幣，完成付款車票會掉下來，在臨時需購票而大排長龍的情況下，自動售票機也是好幫手。

法國火車通行證

法國火車通行證（Eurail France Pass）的效期為一個月內任選 1~8 天，天數越多平均價格越便宜，票價分為成人票、青年票（26 歲以下）、熟齡票，並有頭等艙及普通艙可選擇。但往往選擇越多越困擾，到底該搶早鳥票還是買通行證？到底是搭頭等艙還是普通艙？其實數字會說話，以下分別挑出 4 天及 8 天的成人票及青年票，整理成表格就一目了然，這也是為什麼從我 25 歲第一次到法國自助旅行使用青年票，一路帶團用到成人票，都是選擇頭等艙的原因，不僅在於更好訂位、更容易放行李，座位及走道相對寬敞舒適，CP 值相對高，希望讀者也能了解我的明白……

票種	成人票		青年票	
任選天數	平均價格（頭等艙）	任選天數（普通艙）	平均價格（頭等艙）	平均價格（普通艙）
4 天	58 歐元	46 歐元	46 歐元	40 歐元
8 天	43 歐元	34 歐元	34 歐元	29 歐元

・二等艙的包廂座位

E化的火車通行證一好一壞

經過疫情三年的考驗，火車通行證的遊戲規則已不同以往，過去 20 多年來自助或帶團讓我累積了 N 本 Pass，每一格日期的填寫都要戰戰競競，不能寫錯不可塗改，若是忘了填寫視同逃票，但 2022 年起紙本走入歷史，電子通行證正式啟動，從訂購—開票—取票—啟用—車上查票，完全無紙化，透過手機即可搞定，最大好處是省去 SNCF 櫃台排隊敲章的時間與體力，一下飛機就可以直奔月台，爭取更早車次，最大缺點是高度依賴手機，並得提防手機臨時故障或遺失。一旦遺失，馬上洽詢火車站的 Eurail 服務台或連繫購票的旅行社，辦理遺失補發需 2~5 個工作天，期間搭火車只能自費購買，拿到新手機跟通行證補發即可重新下載。

務必啟用火車通行證

訂票完成付款就會收到 e-mail 的確認信，裡面會有一組通行證編號與使用說明，然後在手機下載 Rail Planner 的 APP，接著啟用火車通行證，須輸入編號、大寫的英文姓名及出生年月日，並建立每段火車行程與通行證連結，同時也將 APP 的訂位 QR Code 截圖起來以防萬一，離線時也方便出示查票，啟用過程遇到困難，可參考使用說明或詢問購票單位。

火車上查票

火車通行證並不包含 TGV 訂位、強制訂位列車、夜臥鋪訂位，不須訂位的列車在旅遊旺季或特殊節日，也不保證有座位。不論自行網路訂位或透過旅行社代訂，強烈建議將訂位紀錄印出備用，車上查票時需同時秀出 QR Code 截圖與通行證。

通行證如何購買

全台旅行社皆可購買，價格統一。

・手機訂票記錄截圖

・嶄新的安錫火車站

認識火車站

如何找到火車站

法國火車站的外觀各有特色，近年隨著需求改變，許多車站由內而外陸續翻新，至於火車站外觀一定會有清楚標示，不用擔心找不到，SNCF 這四個字是法國國鐵的縮寫也是標誌，GARE 是火車站的意思，通常我們會看到從左到右～站名＋標誌，而且都是大寫。

・坦-艾咪達吉・圖儂火車站，是法國外省地區（Province）制式的火車站造型。

・別具匠心的貝勒尬得火車站（Gare de Bellegarde）有雙層圓頂結構，兼具空氣流通與隔熱節能。

習慣火車站設施

自助旅行時透過一次次經驗累積不斷提升，尤其在火車站特有成就感，因為全法國火車站的設施及文字標示一致，看久了自然而然就懂了，如詢問中心 i 或 Accueil 不售票，大火車站購票處（Espace de Vente）或（BOUTIQUE），小火車站購票處（BILLETS）。

隨著功能設施日新月異，車站內部設施也愈來越人性化，尤其是大型車站其功能性更完備，中型車站大廳、購票處、洗手間及書店是基本設施，但許多迷你火車站只有極簡易大廳與自動售票機，甚至白朗峰快車沿線許多小站只有候車月台。

・在冬天候車室（ATTENTE）很搶手

・火車站內部標示清楚很重要

行李寄放

因安全顧慮，行李寄放的服務，在本書除了里昂的巴迪厄火車站、戴高樂機場二航廈喜來登飯店正對面的 Bagages du Monde，設有人工寄放區（Consignes），其他火車站早已不提供，因此行程的安排要把這點考慮進去，除了簡化行李減輕重量，通常二星以上的飯店 Check Out 後，可將行李寄放在飯店，方便進行市區觀光或當日來回的短程小旅行。

・里昂火車站2022年剛啟用的行李寄放中心，每日營業，4€起跳。

除此，可參考私人行李寄放 Bounce、Nannybag、Radical Storage，可先上網查詢停留的城鎮是否有提供寄放點，前兩者大都是跟店家及飯店配合，所以據點選擇相對多，後者是專門行李寄放中心，但城鎮選擇有限。以上都可直接上網（網址如下）或 APP 預訂，費用每件行李每天 5~6 歐元。

https://usebounce.com/zh

https://www.nannybag.com/fr/

https://radicalstorage.com/fr/

月台（Voie）在哪裡？

每每帶著團員到了火車站，對我而言最重要的環節就是進月台，同時也希望參加半自助團的團員們在日後也能朝自助前進，能看懂火車資訊就是必學功夫，藉著大廳高掛的電子出發時刻表（Train au Depart），由左而右依序列出班次、時間、主要停靠站及月台逐一解說，雖然是法文，看幾次也就熟悉了，真的不難。

・搭乘TGV，至少提前20分鐘抵達車站

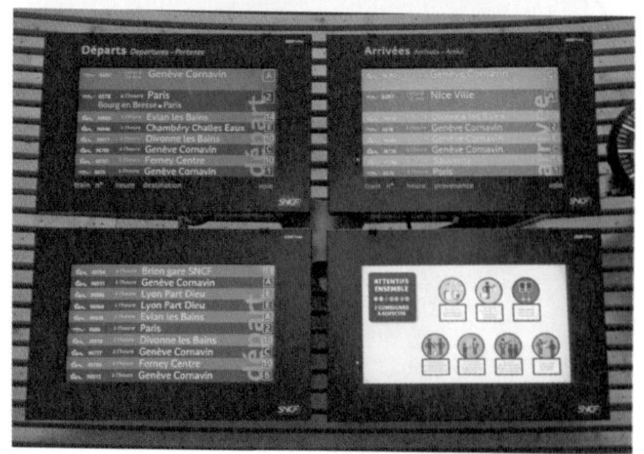

・藍色螢幕的出發時刻表：班次N、終點站Destination及月台Voie

還要打票嗎？

過去在法國，不論是點對點火車票、各種訂位票在進月台之前必須自行打票，有些大站還會有穿背心的工作人員進行臨檢，確認是搭車的旅客才可進月台，而且車上也有查票員在車廂兩端包夾，但近年隨著網路訂票普及，只要出示電子車票（E-Ticket）的 QR Code 或 APP 訂票給查票員掃一下即可，經過疫情三年，實體火車票也走入歷史，所以今後僅剩臨櫃買的實體票必須打票，未來有一天，這些位在月台入口處的「黃色打票機」可能都要消失了。

找對車廂

法國通常以 ABCD 或 1234 的順序來標示月台，從大廳遵循指標沿著電扶梯或樓梯即可順利來到月台，不對號火車只需確認車廂外標示的艙等（1 或 2）即可上車，但 TGV、Téoz、夜臥鋪等長線對號火車往往掛了十幾節車廂，且有些 TGV 是由 2 列子

・確認月台及車廂位置

彈列車連結起來，中間並不相通，讓人不知該向左走還是向右跑，此時唯有查看車廂配置（Composition des Trains），找到目前所在位置（VOUS ETEZ ICI）的紅色圓點，對照月台上的前後立牌就能找到車廂了，就讓咱們優雅的上車吧！

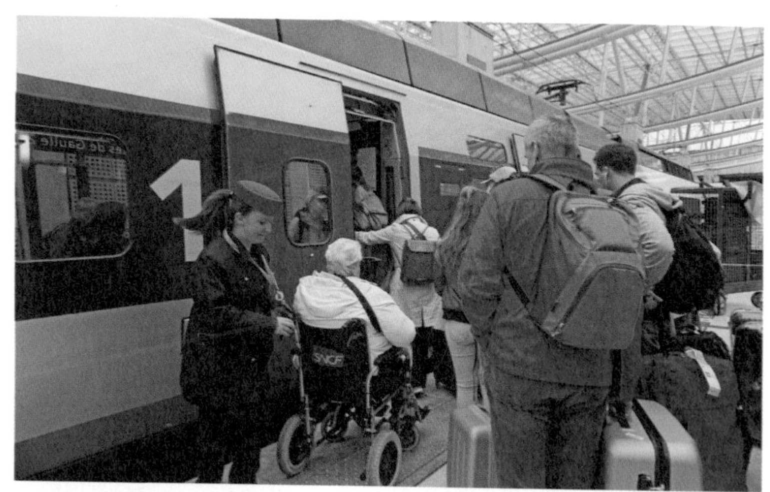

・優雅地依序上車

上火車先放行李再入座

只要是拉著大行李，不論搭哪種火車，一上車就是先搞定行李，不同車型的行李放置區跟著而異，以 TGV 來說大都位在車廂兩端，相較之下 TGV INOUI 及 Intercités 在車廂中段有更多可放行李的位置，或是椅背跟椅背下方的空間也可放20吋箱子。

至於地區性列車 ter 是短線，只有座位上方的行李架，帶團時難免也會拉著大行李搭乘，淡季沒問題，通常可以找到最空的車廂，團員們把行李側身立著，也方便統一管理，但旺季就要碰運氣，此時的應變能力就會派上用場，這也是為何堅持搭頭等艙，除了座位走道寬敞，放行李的競爭者相對減少了。

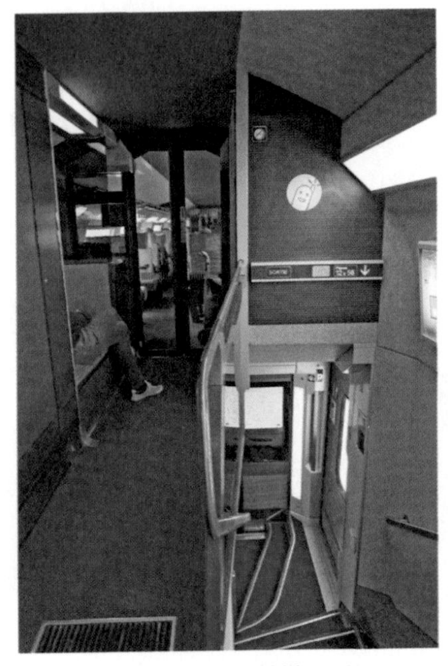

・上層TGV要扛著行李上樓梯

・行李側身立放，還可防四輪滑動

・行李平放，使用空間有限。

寫到這裡讓我不禁回想到過去出團時，團員們上下火車扛行李互相合作的暖暖回憶，不分男女大家有默契快速傳遞行李，甚至有幾次遇上蜜月團，行李的體力活都交給男丁們打理，女孩們就優雅在月台上領行李，這般革命情感特別讓人懷念。

安然就座

不需訂位的列車只要看到空位即可就座，不過法國人常有把包包放在隔壁空位的習慣，除非有人問否則常無動於衷，此時只要說出不好意思 Excusez-moi（Pardon）＋微笑，通常就會把包包拿起來。

如果是對號的座位，可查看座位正上方的標示或椅背側上方的顯示燈，至於包廂在門口及座位正上方都有明顯標示，一旦就座請勿任意換位子，一來避免造成誤會，二來許多長程線跨不同大區火車，通常會同時掛兩列不同目的地的車廂，會在某個車站分道揚鑣，若因沒注意到廣播從此跟目的地漸行漸遠那可糗了。有時會搭到雙層 TGV，訂位票上面會看到樓上或樓下的註記，事先看清楚可避免走錯上下扛行李。如果要上洗手間或到餐車買食物，務必把貴重物品隨身帶著，任意放在座位有可能給扒手製造機會，別忘了扒手也會度假。

・座位標示在椅子側面

・TGV車廂內請遵守輕聲細語標示（手機沉睡中）

領隊小提醒

1. 衛生紙不丟馬桶，有時沖水、洗手的按鈕是在地上，用腳踩住即可運作。
2. 在車廂門口上方，將「綠色按鈕」按一下即可稍延後關門時間。
3. 拍照避免閃光，未經同意勿拍兒童或戴面紗婦女。
4. TGV 座位下方的小箱子拉開是垃圾桶。

火車突發狀況

路線維修

2012 年的炎炎七月，我帶著 20 位團員從阿爾卑斯移動到普羅旺斯，剛好遇上火車軌道維修，法國國鐵派出專車輸送旅客，雖然比平常多轉了兩趟車，但因沿途都有穿背心的工作人員引導，乘客們都很有秩序按照指示移動，所以也很安心，最讓我佩服的是團員們，沒有任何不悅或抱怨，至今這份革命情感還珍藏在我心。

・維修期間SNCF以巴士接駁旅客

必要時找列車長求助

上錯火車，就近下車

帶團 20 多年唯一上錯火車，也因及早發現及時處理而化險為夷。2005 年帶著團員從里昂搭 ter 前往安錫，誤上往瑞士的班車，看著乘客都攜帶滑雪用具，憑直覺不太對勁，馬上問身旁乘客火車開往哪裡，在得知上錯車之後，立即跟身邊乘客求助，一問是否有轉車的機會？二問誰有火車時刻表（HORAIRES）？熱心的法國人告訴我下一站剛好有車到安錫，翻了時刻表果真如此，下車後看到大廳時刻表要等 60 分鐘，剛好外面有小市集可逛，真的很幸運地，我們趕上最後一班車，比行程預定時間慢了一小時，至今團員還不知這段有驚無險的旅程。

由於 ter 停靠站與站之間密集，及早發現還可應變，如搭回原站或就近下車再轉車；如果是長線列車或 TGV，又完全反方向，趕緊找列車長求救，或是當行程很有彈性，飯店也允許更改，將錯就錯多走個景點，隔日再續接原定行程也是法子。

國鐵罷工

我常說罷工就當是小腿與手臂的強力訓練，加上不懂法語，還得使出異於常人的應變力，並在關鍵時刻拿出搭訕力！遇上了，只好認命接受，先處理情緒，再處理事情。當然工會會事先公布，關鍵在前一天的工會談判，如果達成協議，罷工可能取消，如果破局通常是下列三種狀況：

30% 罷工　代表當天還有2/3的車班會行駛，但誤點是正常。

100% 罷工　最讓人心寒，整個火車站空無一人，哪兒也別想去。事先得知將遇上，一定要調整行程，如已到了當地，要嘛認命多待一天，要嘛趕緊閃人，TAXI 或自駕都是應變之道。

50~75% 罷工　火車班次大亂，車站大廳時刻只能參考，月台上絕對擠滿人潮，一旦有列車進站，擴音器完全配合情境演出，又急又大聲的廣播，可能是開往哪裡，也可能是換月台，真是有夠折騰；所以上車前務必問一下同月台乘客，可避免上錯車；好不容易擠上車，通常沒座位，走道都是人，平常緊迫盯人的查票員也神隱了，別奢望準時到站。

・即使遇上罷工也要開心完成旅程

長途巴士也不賴

長途客運也是自助最常用的交通工具之一，剛好跟火車互補，向外延伸到周邊村莊，因時速不快且座位更高，透過車窗更貼近景物，而且越是鄉下路線越會駛入不同村莊，讓人可以近距離看到村落面貌，此時巴士所扮演的角色，不再侷限於運輸的功用，而是我們旅程中的好夥伴。

・行駛於里昂與安錫之間的巴士

安錫巴士站

通常稍具城鎮規模的巴士轉運站就在火車站旁，甚至是連結在一起，如安錫巴士站售票處就在面對火車站的左側，在更左側就是各家客運發車月台，很方便旅客轉乘。

里昂巴士站

至於里昂的轉運站則有兩個，一個位在第三區的帕迪厄火車站（Lyon-Part-Dieu）正對面，剛好在疫情期間完成全新整建，從戴高樂機場過來的 TGV 會先停帕迪厄，法國國鐵的 ter 公車也是由此出發，疫情後我帶著團員從里昂搭巴士到安錫，由於現在都是使用電子通行證，上車時在前門入口處，直接用手機的訂位 QR Code 感應，即可入內就座，車上每個座位都有 USB 充電座，請記得繫上安全帶。

・手機QR Code對準感應即可上車

另一處在第二區佩哈許火車站（Lyon-Perrache），如果是搭乘 Flixbus、BlaBlaBus（OUIBUS）前往安錫就是從這裡出發。

・車上的充電座可以救急

霞慕尼巴士站

但並非所有公車轉運站都剛好在火車站旁，霞慕尼巴士站（Chamonix Sud Bus Station）與當地兩個火車站分別相距 500 及 1000 公尺，SAT、BlaBlaBus 都是從這裡發車，聽起來似乎有點不方便，但其實鎮上還有其他巴士停靠站，可從官網查詢並下載路線圖。不得不提到當地的轉乘系統非常完善，連結霞慕尼谷地周邊十來個村莊，甚至向外延伸到沒有火車停靠的貢布盧與梅傑夫，擅加運用巴士真是暢行無阻。

・霞慕尼有些飯店會提供住客卡Carte d'Hôte，可免費搭乘部分路線。

・安錫長途巴士總站（Gare Routière）的月台

計程車搶時間

有些必須繞道才能抵達的村莊，或許地點不偏遠，但剛好沒有火車、公車等大眾運輸，必須轉車多趟舟車勞頓，對於無法自駕的人來說，此時唯有 TAXI 使命必達，坦白說在法國叫 TAXI 的確不便宜，因油價、工資都比台灣高出許多，但若是 30 分鐘內的短程，4 人分攤下來倒也划算，同時不用煩惱行車及停車問題，目的地一到帥氣下車走人，省時省力心情也輕鬆，在必要時 TAXI 是很彈性的好方法。

・飯店叫車很方便

・國鐵的計程車站牌顯而易見

・有些計程車站打電話預約比較快

由於法國不像在台灣可隨時路邊攔車，通常在定點或火車站門口，可看到 TAXI 招呼站，若是鄉下小型火車站往往只看到電話招牌；當然也可透過手機 Uber 平台叫車，但要留意標註上車的地點，同時為了安全起見避免叫客的黑牌車，雖然車資稍微省些，但萬一出狀況相對較沒保障。建議透過飯店叫車，可能有固定配合的車行或司機，相對安全，且至少有人知道你去了哪裡，非不得已單獨女生搭車，最好把車號、外觀拍下再 line 給家人，讓自己多一分安全保障。

至於收費方式，法國合法的計程車是以跳表收費，依里程與時間計算，夜間及假日收費加成，大件行李小費另計，但越是鄉下地方有些路段是採固定車資，如安錫火車站的 ATB 電動計程車到霞慕尼單程 220€（4 人），若遇夜間、雪季、週日假期則為 280€（4 人）。

自駕上手

帶了 20 多年火車半自助團，終於在 2016 年開啟自駕團模式，出團天數從 12~30 天都有，走過春秋冬，試過 4~9 人座各種車款。自駕的確讓人嚮往，但畢竟身在異鄉，一定要事先做好功課，至少讀完本篇，有了基本概念再訂車。

・沿著霞慕尼谷地行駛的山岳風光

・自駕團的樂趣唯有親身體驗才能感受

選車看這裡

選車首要考量自排還是手排，在法國自排車選擇少且費用較高，但安全第一，因為臨場反應都是平日直覺本能，建議以駕駛的慣用為優先，千萬不要到當地重新適應；再來就是人數，基於行李考量與乘坐舒適度，依作者視角的最佳搭配模式如下：

2 人同行 4 人座最舒適，行李箱控制在 26~28 吋

3~4 人同行 6 人座最划算，行李箱控制在 26 吋

5~6 人同行 9 人座，行李箱控制在 26 吋，但停車較不便

・選車最高指導原則——千萬別讓行李箱塞不進車內

租車

租車網站直接選擇中文介面，再先選擇取車與還車地點，這部分一定要對照地圖細心確認，特別是在大城市，往往租還車的地點選擇不只一個，若是弄錯了勢必造成不便，當然異地還車費用較高；日期、時間的填選及免費取消期限也要留意；嬰兒座椅、兒童座椅、多人駕駛、全險都需額外加收；最後以主要駕駛的信用卡擔保完成預約，務必將預約單列印出來或下載手機 APP，並再次確認內容，記得與訂房資料一併攜帶出國。

租車最高指導原則——確認取車與還車地點

取車

通常取車地點常以機場或火車站為主，在於車款、車多的實際考量。來到租車櫃台，出示國際駕照＋台灣駕照＋護照＋租車預約單或手機APP，雙方確認細節，並完成加購全險（非常必要）及押金刷卡（若沒問題，還車後整筆金額會退回信用卡），然後服務員會陪同取車，記得將車況拍照或攝影可避免爭議，簽名確認後即可開車上路。

取車最高指導原則——確認油箱位置及油種

還車

有些租約規定還車前要把油加滿，依照指示將車開到專用停車場，與現場租車公司人員完成車況檢查並歸還車鑰匙，即可完成還車手續，記得留意押金有無退回信用卡。寫到這裡讓我想到兩次在里昂大城還車的不同經驗，雖然還車地點都在里昂火車

・確認還車地點並把油加滿

站，但因租車公司不同，歸還的地址也未必相同，建議還車前一天確認好地址（附在租約資料），可以節省不必要的摸索。

工作分配的必要

✓ 正駕駛與第二駕駛可以輪流開車，不至於疲勞駕駛，但需留意第二駕駛人必須在保險內才有保障，並且負責保管好鑰匙。

✓ 坐在副駕的任務不是只有拍照，沿途還要幫忙看路標、找路以及準備好零錢付收費站的過路費等等，建議是方向感好的人，可以避免爭執。

✓ 後座夥伴絕對不只是乘客（上車睡覺下車尿尿），要能適時服務或照顧正駕與副駕，大家分工合作，才有美好的下一趟旅程。

・只要開車上路，車內所有乘客都要繫安全帶。

・過路票卡要放在明顯之處

自然而然就上路了

剛開始會有點不習慣

對平常有在開車人來說，比較習慣以手機做導航，出國前先在 Google Maps App 將離線地圖下載，並依天數或行程設定名稱，由於離線地圖無法預知路況，因此在早上或下午出發時先看一下路況以便掌握。

跟「圓環」好好相處

在法國自駕首要適應的地方就是「圓環」，摸清圓環底細行車自然就順暢，已行駛在圓環的車（左方車）優先通行，因此準備要進入圓環的車必須減速＋禮讓，若有語音導航，也會以數字的方式來告知何時出圓環，如「從第 2 個出口離開圓環」，這剛開始也要搭配地圖與路況適應，建議由旁邊的副駕提醒與協助。

・當地常以圓環取代紅綠燈

斑馬線上行人優先

特別是在市區或老城車速務必按照規定，行人優先，並留意單行道。有些村落或部分街道入口會設置自動升降的路障，不讓外車進入，只能將車停在村外再步行進入。

高速公路概況

上高速公路一定會收費，停車取票卡時距離要抓好，以免上演手不夠長的糗狀，拿到票卡直接放在固定明顯位置，中途或下交流道前會經過收費站（Péage），建議選擇「綠色向下箭頭 t」車道，將票卡插入，依指示投現完成繳費。沿途會經過各種大大小小的休息站（Aire），越大型設施越完善，沿途標示都很清楚。另外法國高速公路的內車道，僅供超車使用，不能一直佔著車道，至於限速晴天 130 公里、雨天 110 公里，超速罰單會直接寄到台灣，別跟歐元過不去。

・在車上放一包零錢小鈔，隨時繳過路費。

・自助收費站：1.插入票卡，2.三種付款方式，3.收據。

有耐心好好停車

路邊停車限白色線框，先確認可停車時段，附近如有付費（PAYANT）標示，代表要預先投幣繳費（買時間），如 2 歐元停一小時，並將單據放在擋風玻璃內側備查，若查票員看不到單據就會開單；路邊違停不僅開單甚至拖吊，違停罰單可到菸草店 Tabac 處理。同時請留意人行道旁紅線不能停車，藍線可在特定時段免費停車 1 小時。切記！下車時貴重物品不放車上。

・路邊停車付費：
1.輸入車號
2.選擇時間
3. 付款
4.拿單據

停車場的進出方式跟在台灣相同，入口處取票進場，完成停車後最好拍照以便好找，出場前先到自動收費機付費，有的可選擇英語介面操作，放入票卡完成付款，再以此票卡即可出場。

習慣自助加油

取車時一定要確認加油種類，如 98 無鉛汽油（S/P 98）、95 無鉛汽油（S/P 95）或柴油（Gazole 或 Diesel ），並且請服務員示範如何打開油箱，以減少摸索時間，法國加油站幾乎是自助式，某些加油站需先自助刷卡後才能拿起加油槍，有的小加油站加油後需到便利店（雜貨店）櫃臺付現。高速公路附設的大型休息站通常都有加油站、便利商店、簡單熱食、洗手間等等。

・加油最高指導原則——千萬別加錯油

狀況處理

出門在外不比台灣便利，萬一有突發狀況加上語言不通，都會讓人不安。行車遇到拋錨、擦撞、追撞該怎麼辦？首先鎮定不要慌張，自駕通常有同行者，冷靜進行分工合作，以下作為參考。

如果不嚴重且沒人受傷，會法語或英語的人負責溝通或電話聯絡必要單位，由於租車事關保險，建議直接與租車公司的緊急電話連繫，在不確認的狀況下先不作任何簽名；記得將故障三角架放在事故現場後方至少 30 公尺（高速公路要更遠）。

若必須移車務必將現場拍照或攝影。通常會報警處理，接手後續或指揮交通等等，如有人受傷救，救護車會到現場，車輛故障保險公司會連絡拖吊車處理，記得留下報案編號給租車公司進行後續追蹤。

緊急求援電話：救護車電話 15　　警察局電話 17
歐盟地區免費求救電話 112

・夜間、雨天、雪季行車要特別注意安全

・市區車多要有耐心

常見交通標誌

・離開VALLORCINE

・此後12公里注意野生動物

・雷達測速照相

・高速公路41往香貝里，
國道87往西斯特宏

・前有圓環

・1500 m後有高速公路收費站Péage

・注意牛隻

地鐵

本書景點會搭乘的地鐵就是里昂地鐵，只要會搭乘北中高的捷運，里昂地鐵也沒問題，技巧在於確認終點站方向，以下以圖文搭配介紹。

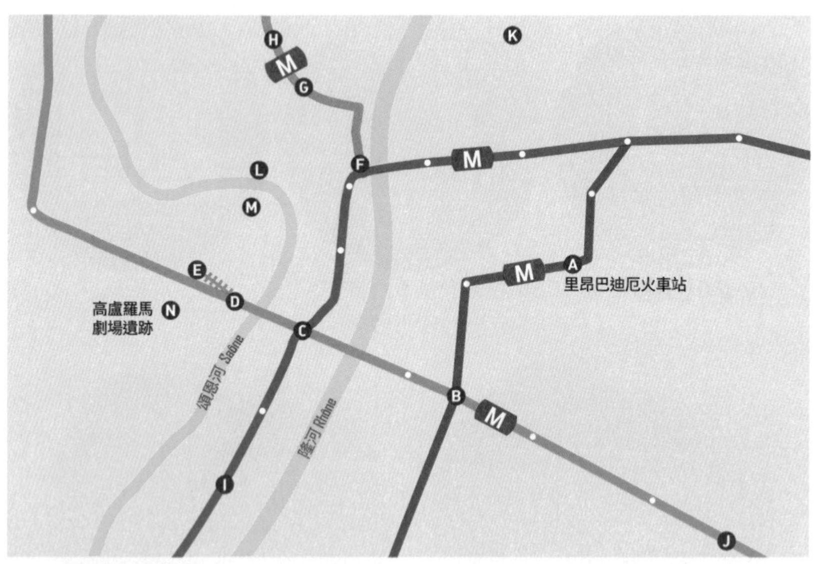

里昂市區四條地鐵

A 巴迪厄火車站 Part-Dieu B 薩克斯甘貝塔 Saxe Gambetta C 白萊果廣場 Bellecour D 里昂老城 Vieux Lyon E 富維耶聖母院 Fourvière F 市政廳 Hôtel de Ville G 紅十字區 Croix-Rousse H 耶農 Hénon（絲綢工人壁畫 Le Mur des Canuts）I 佩哈許火車站 Perrache J 盧米埃博物館 Monplaisir – Lumière K 金頭公園 Parc de la Tête d'Or L 里昂名人壁畫 Fresque des Lyonnais M 里昂聖保羅火車站 Lyon St Paul N 高盧羅馬劇場遺跡

進出地鐵站6步驟

1. 入口處的地鐵站名與終點站方向

2. 自動售票機投幣買票

3. 閘門入口，先投票待閘門打開再進入。

4. 下月台前再確認一次終點站方向及目的地

5. 尖峰時段月台人多

6. 地鐵站出口SORTIE

愉快旅行小撇步

狀況處理

內急怎麼辦

千萬別到憋不住，才想要解決問題，可能會造成尿道發炎，反而造成更大困擾。通常我會提醒團員，離開餐館咖啡館之前，一定要先到化妝室，如果是在自由活動期間，就近找家 Café、茶館或 BAR，點杯最便宜的咖啡或飲料，也是解決之道。或是看看週邊是否有火車站，可能會有自動沖洗投幣式公廁，高速公路休息站一定有免費公廁。入境隨俗要能接受，地鐵站、公車總站、郵局、教堂、多數遊客中心及停車場，都不提供洗手間。

・自動沖洗投幣式公廁

好像迷路了

首先不要慌張，應變方式有多種，就看當時所在位置有哪些資源可以協助。

✓ 以 Google Map 定位

✓ 路上指標

✓ 問人（餐廳、店家優先）

✓ 善用遊客中心

★ 街道地圖

・遊客中心

・市區的街道地圖，通常會以紅色圓點來標示目前所在位置(VOUS ÊTES ICI)，有助於判斷下一步如何前進。

通關密語

6個必說關鍵字（針對店家等陌生人）

Bonjour	您好、早安（白天）
Bonsoir	晚上好（傍晚後）
Merci	謝謝
Excusez-moi	打擾了、不好意思
Pardon	借過、拍謝
Au revoir	再見

6個必聽懂關鍵字

Bon Appétit	用餐愉快
C'est Bon?	好吃嗎？
Une Carafe d'eau	免費普通水
Gazeuse	氣泡礦泉水
Plate	無氣泡礦泉水
Bonne Journée, Au Revoir	祝您有美好的一天，再見。

6個必看懂關鍵字

Privé 非請勿入

COMPLET 停車已滿

TIREZ 拉門入內

LIBRE 尚有車位

Femme 左邊：女廁

Homme 右邊：男廁

Fermé （週一及週日）不營業

自助旅行
規劃 與 課程

想要自助旅行卻不知從何著手？自助旅行是件不簡單的事，尤其法國光國土面積就大於 15 個台灣，行程安排足以讓人傷腦筋，要走馬看花打卡湊景點？還是深度慢旅？直飛班機還是轉機？自駕或是搭火車？諸多細節同行夥伴之間也會有不同看法。

更何況為了解決「吃、住、交通、找路、動線進行及蒐集資料」，花費的時間與耗費的腦力眼力絕非三言兩語可以形容，比如飯店的選擇是預算優先還是地點第一？城鎮動線的安排也是學問，要怎麼走才省時省力？若是幾個好友同行，要如何兼顧喜好及分工？而且不同季節前往旅遊的模式也不盡相同。當這些種種流程從腦海中閃過，都還不能讓你打消前往法國自助的念頭，那麼恭喜你，可以往下一步前進。

每個人的特質與強項不一，不需為了一趟自助，而讓自己或夥伴陷入多重宇宙大考驗，不必所有環節都靠自己單打獨鬥，不需夜深人靜還在電腦前爬文，總是有更好的選擇，讓 25 年的專業適度支援，不僅可以減少摸索過程的不便，還可以讓自己優雅出發，更輕鬆開啟自助模式。

・打造自助行程有人可以商量

・超過25年半自助團經驗

以下選項可以依照個人需求來進行。
進一步了解請寫信給一純：

francoisetseng@mail2000.com.tw

我需要那些支援？

	自助行程規劃		城鎮地圖＋動線
	代訂住宿		旅遊手冊
	飯店建議		行前會議
	訂機位＋開票		同行者工作分配
	火車訂位		貼身腰包＋轉接頭
	火車通行證訂購		都會貼身褲（M~3L）
	入境申根國中英文保單		光波貼片

自助旅行實用課程

	指定城鎮動線安排		行李打包＋如何準備衣物
	如何搭巴黎地鐵		法國歷史及文藝復興
	如何搭里昂地鐵		法國建築及教堂
	如何搭火車		如何解決三餐＋抓預算
	如何搭公車		如何預防扒手＋調整時差

法國阿爾卑斯玩全指南

作者　曾一純

社長　林宜澐
總編輯　廖志墭
編輯　王威智
封面設計　黃祺芸

出版　蔚藍文化出版股份有限公司
地址　110408 臺北市信義區基隆路一段 176 號 5 樓之 1
電話　02-22431897
臉書　www.facebook.com/AZUREPUBLISH/
讀者服務信箱　azurebks@gmail.com

總經銷　大和書報圖書股份有限公司
地址　248020 新北市新莊區五工五路 2 號
電話　02-89902588

法律顧問　眾律國際法律事務所　著作權律師／范國華律師
電話　02-27595585
網站　www.zoomlaw.net

印刷　世和印製企業有限公司

定價　新臺幣 480 元
初版一刷　2024 年 3 月
ISBN　978-626-7275-30-6（平裝）

國家圖書館出版品預行編目（CIP）資料

法國阿爾卑斯玩全指南 / 曾一純著 . -- 初版 . -- 臺北市 : 蔚藍文化出版股份有限公司 , 2024.03
面； 公分
ISBN 978-626-7275-30-6（平裝）

1.CST: 旅遊 2.CST: 法國 3.CST: 阿爾卑斯山

742.89　　113003211

版權所有．翻印必究　　若有缺頁、破損、裝訂錯誤，請寄回更換